足球智慧

——你必须知道的足球知识

蔡向阳　主编

海峡出版发行集团 THE STRAITS PUBLISHING & DISTRIBUTING GROUP | 福建人民出版社 FUJIAN PEOPLE'S PUBLISHING HOUSE

《足球智慧——你必须知道的足球知识》
编委会

序

足球是世界上开展最广泛、影响最大的体育运动项目之一，有“世界第一运动”的美誉。自从现代足球产生以来，这项运动风靡全球，吸引着无数足球爱好者参与其中。全球最具影响力的单项体育赛事——世界杯足球赛，已成为全世界人们的狂欢节，亿万球迷为之疯狂。

“足球崛起梦、体育强国梦、民族复兴梦”已成为当下国人关注的焦点。近年来，在国家政策的大力推动下，校园足球的普及和推广工作正在全国范围内如火如荼地展开。截至目前，全国已有青少年校园足球特色学校3万多所，各校纷纷设置校园足球课程，各地纷纷举办不同级别的足球联赛。

在对校园足球发展状况的调研与推广中，我们欣喜地发现，足球课程在校园中很受欢迎。无论是教师还是学生，都以极大的兴趣和极高的热情，积极参与到足球教学和足球活动中。

但与此同时，通过教师、学生和家长的反馈，我们也了解到，校园足球在实践过程中还存在一些亟待解决的难题，加大推广力度的呼声很高。教师们提出，虽然开设了足球课程，但缺乏足够的素材来丰富教学内容和形式，难以营造生动活泼的课堂氛围；学生们普遍反映，自己虽然对足球很有兴趣，但光凭在校课程还不足以掌握足球理论与技能，缺少合适的课外读物来辅助学习；家长们也表示，虽然很想参与到孩子的足球生活中，拉近两代人的距离，但自身足球知识有限——这些缺憾让我时常感觉到：编写一些足球方面的普及读物很有必要！

2018年，福建人民出版社正好在策划“足球文库”系列选题，编辑何欣通过友人多次向我约稿；我的许多研究生也已走上各级学校足球教师的岗位，并一直在积极从事足球教研方面的工作——各方面条件都已成熟，编写一套足球普及读物的时机到了！

我立刻组建了编委会，并对“足球文库”系列丛书的编写进行了规划。经过几个月的筹备，在编委、编辑们的齐心协力下，面向学生的科普系列“足球智慧”丛书的第一本《足球智慧——你必须知道的足球知识》问世了！这本书主要以问答的形式普及足球知识，介绍了足球发展史、大型足球赛事、赛场规则、技术要领、比赛战术、著名球员、赛场趣闻等方面的内容。考虑到青少年的阅读特点，本书的编写尽量做到通俗易懂，图文并茂，实例丰富，科学性与趣味性并重。同时，还设计了“小贴士”和“小问题”，对正文内容进行补充和拓展，并引导读者更深入地思考和学习。

《足球智慧》得以顺利编写出版，要特别感谢福建省校园足球研究与发展中心、福建师范大学青少年校园足球协同创新中心给予的帮助，感谢北京体育大学的张廷安教授给予的大力支持；也衷心感谢福建船政交通职业学院的王发振老师，福建师范大学的李斌老师、王旭老师，福建中医药大学的李守江老师，我的研究生刘洋同学，他们为这本书的编写付出了很多辛劳；也要感谢其他编委为本书的编写所做出的努力、提供的建议。是各位认真严谨的态度和对足球运动的热爱，成就了《足球智慧》这本好书。另外，福建人民出版社的何欣、何妍、林婧几位编辑积极促成了本书的诞生，并对本书进行了认真细致的策划、编校和营销工作，在此我也要向她们表示深深的感谢。

一本《足球智慧》不可能讲尽足球知识，亦可能有不少缺憾。只希望在编委会同仁的共同努力下，不断完善、丰富这个系列的产品。也希望能通过我们的努力，为读者普及更多的足球知识，陪伴大家一起去领略、欣赏、享受足球文化。

亲爱的读者朋友们，愿《足球智慧》成为开启你们足球之旅的钥匙，陪伴你们走出家门，走进球场，走向世界！

读《足球智慧》，踢智慧足球！

蔡向阳

2023年10月

目 录

读《足球智慧》，
踢智慧足球！

为什么足球被称为『世界第一运动』？

足球是全球最具影响力的单项体育运动。世界上有超过 130 个国家拥有足球职业联赛，而仅有 30 多个国家拥有篮球职业联赛。足球世界杯是世界第一大赛，它的影响力超过奥运会。世界杯举办期间，地球上三分之一的人为之疯狂，无数人为了看世界杯放弃一切，甚至有不少国家首脑百忙中抽空到球场看球。

足球“世界第一运动”的美誉名副其实。上至国家首脑，下至平民百姓，狂热的球迷永远不会缺少。为什么足球有如此魅力，让世人无法抗拒呢？

小贴士

足球运动对参与者要求不高。足球运动员，高矮胖瘦问题都不大，这样就给全世界的孩子都提供了做“巨星梦”的机会。

诺坎普足球体育场是西甲豪门巴塞罗那足球俱乐部（简称“巴萨”）的主场，能容纳 109815 名观众。

足球运动的激烈性和竞赛的观赏性当然是重要原因。足球运动竞争激烈，对抗性强，规则简单，技术、战术丰富，再加上优秀运动员的出色表演，高超的个人技术与巧妙的集体战术配合融为一体……这一切都使足球运动的可看性极强。

足球比赛过程中的不确定性和比赛结果的不可预知性也是造成全世界球迷狂热的重要原因。在足球世界里，没有绝对的强队。终场哨响起之前，比赛胜负永远未知。

足球运动起源于哪个国家？

足球运动是一项古老的体育活动。在中国古代，用“蹴鞠”二字来表示“踢球”。“蹴”指用脚蹋、踢，“鞠”指皮制的球。踢球另有“蹋鞠”“蹴球”“蹴圆”“筑球”“踢圆”等说法。

据文献记载，中国古代蹴鞠的起源和军事有关。宋代李昉等编纂的《太平御览》中提到，传说早在黄帝时期，蹴鞠就被用来操练士兵，成为氏族或部落训练士兵体能和技巧的重要项目。到春秋战国时期，蹴鞠已发展成十分流行的民间娱乐项目。

北宋权臣高俅就是一个蹴鞠高手。民间传说高俅原本是一个破落子弟，自小喜好舞枪弄棒，尤其是踢得几脚好球。因为具有很高的蹴鞠技术，被喜爱蹴鞠的宋徽宗所赏识，因此飞黄腾达，官至太尉。

足球运动传到欧洲后，发展成为现代足球。但古代足球和现代足球在踢法、材质、场地、规则等方面存在着巨大的差异。中国古代的蹴鞠基本上只是供皇家、贵族等消遣的娱乐活动，没有完善的规则，更没有形成职业体系。

唐朝时，由于唐太宗、唐玄宗都爱看蹴鞠，蹴鞠运动迅速流行开来。宋太祖赵匡胤也是个疯狂“球迷”。

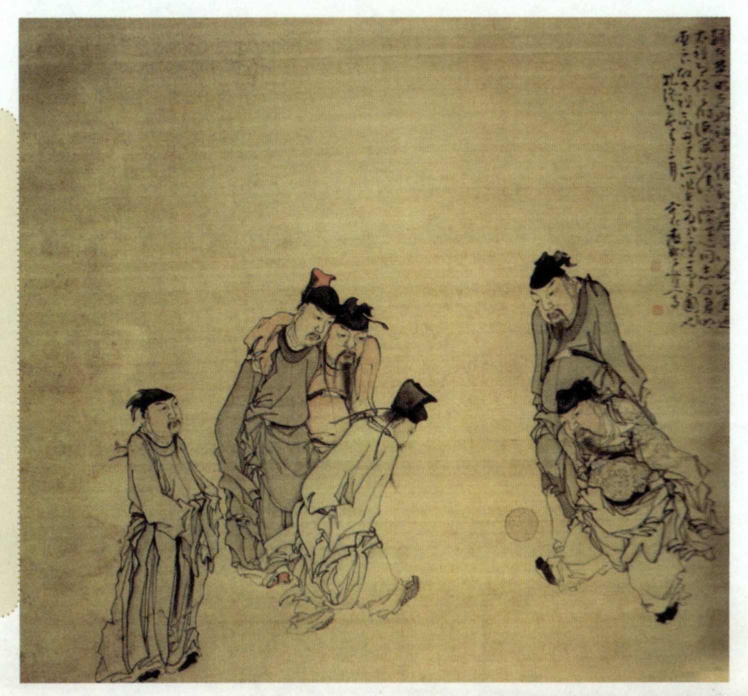

清代画家黄慎的《蹴鞠图》

众多的历史资料也表明，古代足球发源于中国的“蹴鞠”，现代足球诞生于英国。国际足联前主席阿维兰热博士来中国时曾表示：足球起源于中国。当然，由于封建社会的局限，中国古代的蹴鞠活动最终没有发展成为以“公平竞争”为原则的现代足球运动，这个质的飞跃是在英国完成的。

2004 年，时任国际足联主席的约瑟夫·布拉特将足球起源地认定证书颁发给山东省淄博市，认定其为足球发源地。

中国球迷数量众多。国际足联官方统计数据显示，在 2018 年俄罗斯世界杯期间，中国球迷合计购买了 40251 张世界杯比赛门票。

2017 年，俄罗斯世预赛亚洲区十二强赛，看台上的球迷为国足呐喊助威。

世界上第一部足球规则是如何产生的？

1848 年英国伦敦，就读于剑桥大学的亨利·德·温顿和约翰·查尔斯·思林召集了英国各个公学、大学的 12 位代表齐聚剑桥大学圣三一学院，针对足球运动制定了一系列的规则——第一部以文字形式确立的足球规则诞生了。

由于集会讨论的地点在剑桥，所以这部规则取名为“剑桥规则”。其核心是约束足球运动的动作，是人们对于制定统一的足球运动规则的一次伟大尝试。在早期的足球比赛当中，有人在比赛中用手抱起球，直接跑到对方的球门里，于是引发了关于足球场上能不能用手持球的争论。其中一些人认为可以用手持球，后来手持球运动就逐渐演变成了现在的橄榄球；而认为不能用手持球的一派，促使该项运动演变成了现在的足球。

虽然大家并没有在一些关键规则上达成一致，但《剑桥规则》的出现很大程度上促使足球运动走出了野蛮和无序的状态，走上了文明和有序的发展道路。

遗憾的是，《剑桥规则》并没有被妥善记录下来。1862 年，剑桥集会的组织者之一约翰·查尔斯·思林对这些规则进行了整理，并出版了《最简单的游戏》，其中共罗列了 10 条足球运动规则，包括进球不能用手抱球、不能持球跑、不允许将对方绊倒或从背后蹬踏等。这些规则成了 1863 年成立的第一个足球协会所遵守的核心规则，为现代足球的发展奠定了基础。

世界上第一个现代足球俱乐部是哪家？

1857 年，英国的谢菲尔德市成立了一个足球俱乐部——谢菲尔德足球俱乐部。它是世界上最早成立并参加现代足球赛事的俱乐部，是英国有纪录证明的最古老的球会，也是国际足球联合会和英格兰足球总会公认的世界上第一个足球俱乐部。

在 1855 年，谢菲尔德足球会的成员便已组成一支业余足球队，但并未得到官方承认。到了 1857 年，尼特利尔·基斯域克和威廉·帕雷斯二人正式成立谢菲尔德足球队。球会初期并无固定主场，赛事都在英格兰北部南约克郡谢菲尔德市的各个不同的球场举行，其中包括现在谢菲尔德联足球俱乐部的主场布拉莫巷球场。

谢菲尔德足球俱乐部的诞生时间比英格兰足球协会还要早。谢菲尔德足球俱乐部制定的一系列足球条例，被称为“谢菲条例”。这些足球条例为后来的众多足球赛事及俱乐部条例提供了宝贵的参考借鉴。

国际足联前主席布拉特这样评价谢菲尔德俱乐部的历史价值：足球从谢菲尔德走向整个英国，而后又从英国走向了全世界。虽然谢菲尔德俱乐部的名字没有出现在英超联赛的转播中，这里也没有大牌的球员，但是英国足球和世界足球都无法忘记它、忽视它，理由很简单：这里是一个起点，是一块基石。

你知道现代足球诞生日和世界上第一个足球协会吗？

1863 年 10 月 26 日是现代足球发展史上具有里程碑意义的日子。这一天，来自伦敦地区的 11 家俱乐部的代表，齐聚位于伦敦皇后大街的弗里马森酒馆，举行了一次改变足球发展轨迹的集会。集会不仅宣告了世界上第一个足球协会——英格兰足球协会的成立，还重点讨论了如何将足球运动的规则进行统一的问题，确立了“为规范足球运动起草一部明晰的规则”的宗旨。当时的《泰晤士报》刊登了这一消息。

这次会议共制定了 14 条比赛规则，并以文字形式记载下来，其中大部分内容与现今世界上采用的足球竞赛规则相类似，是现代足球竞赛规则的起源。

英格兰足球协会最初的 11 家俱乐部名单如下：巴恩斯俱乐部、公务员俱乐部、十字军俱乐部、雷顿斯通森林俱乐部（后改名为巡游者）、吉尔伯恩俱乐部、水晶宫俱乐部、布莱克西斯俱乐部、肯辛顿学院、珀西瓦尔学校、索尔比顿俱乐部、布莱克海斯学院。

英格兰足球协会又称英格兰足球总会，负责英格兰境内一切的足球事务，具体工作包括设立比赛规条、管理英格兰足球代表队、改革足球联赛、仲裁英格兰一切球会纷争等。英格兰足球总会同时亦是欧洲足协和国际足联的会员。

英格兰足球协会标志

至此，足球运动不仅有了专门的管理和推广机构，还逐渐形成了受到公众认同的统一竞赛规则。英格兰足球协会的诞生，标志着足球运动的发展进入了新的阶段。因此，这一天被公认为现代足球的诞生日。

从此，有组织的、在一定规则约束下的足球运动开始从英国传遍欧洲、传遍世界。

英格兰足球协会最初的会员是来自伦敦地区的11家俱乐部。这些俱乐部的成员大多是英国公学的男生以及牛津大学、剑桥大学的毕业生，也有一些是神职人员。推动英格兰足球协会成立以及现代足球规则创立的核心人物是埃比尼泽·科布·莫利，他是协会的第一任秘书、第二任主席。他于1863年撰写了世界上第一部足球比赛规则，被认为是“足球协会和现代足球之父”。

现代足球精神是什么？

现代足球精神是足球文化的核心部分，也是人类社会文化精神不可或缺的重要组成部分。现代足球精神有着极其丰富的内涵。

首先，现代足球精神是一种爱国精神和民族精神。足球是培养民族凝聚力最有效的体育运动之一。国际足球赛场上不仅有球员之间个人球技的较量，也有国家精神、民族精神的碰撞。在国际赛事中代表国家赢得胜利，能够为国家和民族争得极大的荣誉。

其次，现代足球是一项包容性极强的运动。提倡世界和平、种族平等，反对种族歧视都属于现代足球比赛中的重要精神。足球运动的参与者包含了各个国家、各个种族、各种肤色的人，无论谁都应当享有在同一片球场上平等竞技的权利。许多足球运动员利用自己的影响力和号召力，为维护世界和平、促进种族平等与和谐共处做出了不懈的努力。

再次，现代足球精神是一种顽强拼搏、永不言弃、超越自我、公平公正的竞赛精神。现代足球运动具有速度快、对抗强、形势变化快、比赛时间长等特点，不少比赛须到最后的点球大战才能一决胜负。这要求足球运动员和教练们必须具备顽强的意志，用永不放弃的精神创造奇迹。同时，足球运动还是一项创新性很强的运动。为了在竞争激烈的足球比赛中取得胜利，参赛者们必须不断研发新战术、新技巧，不断破除陈规，激发自我潜能。

最后，现代足球精神是个人英雄主义和团队精神的完美统一。现代足球是一项团体运动，需要场上球员有良好的团队合作意识。只有球员们在阵型中各司其职、互相协助、默契配合，才能赢得比赛的胜利。同时，现代足球运动作为一种竞技运动，球员个人技术突出，能够增强球队整体实力，但个人技术只有在团队协作的基础上，才能得到最好的发挥。只有将个人英雄主义与团队精神有机融合，才能体现现代足球精神的真正内涵，体现现代足球运动的最大魅力。

为什么足球比赛每队有十一人参加？

为什么足球比赛每队有 11 人参加？一种广为流传的说法是：曾经在英国伦敦，牛津大学和剑桥大学之间进行足球比赛，因为学校里每套宿舍住有 10 个学生和 1 位教师，于是每方派出 11 人进行宿舍与宿舍之间的比赛，所以现在的足球比赛每队有 11 人参加。

1863 年 10 月 26 日，英格兰足球协会在《剑桥规则》的基础上，制定和通过了英国第一部全国性的足球比赛规则，也是世界上第一部足球比赛规则，并一直沿用至今。新的规则虽明令禁止手球及踢打球员等行为，但仍未规定每支球队的人数。直到 1871 年，经反复考察试验后，英格兰足球协会终于确定，由 11 人组成的球队能够最好地覆盖全场进行比赛，从此真正确立了每队派出 11 人参加足球比赛的规则。

还有另外一种说法认为，足球规则源自当时英国另一项时兴的运动：板球。板球规定每队为 11 人，所以足球比赛每队有 11 人参加。

每一场足球比赛应有两队参加，每队上场队员不得多于11人，不得少于7人，其中必须有1名守门员。如果任何一队少于7人，则比赛不能开始或继续。

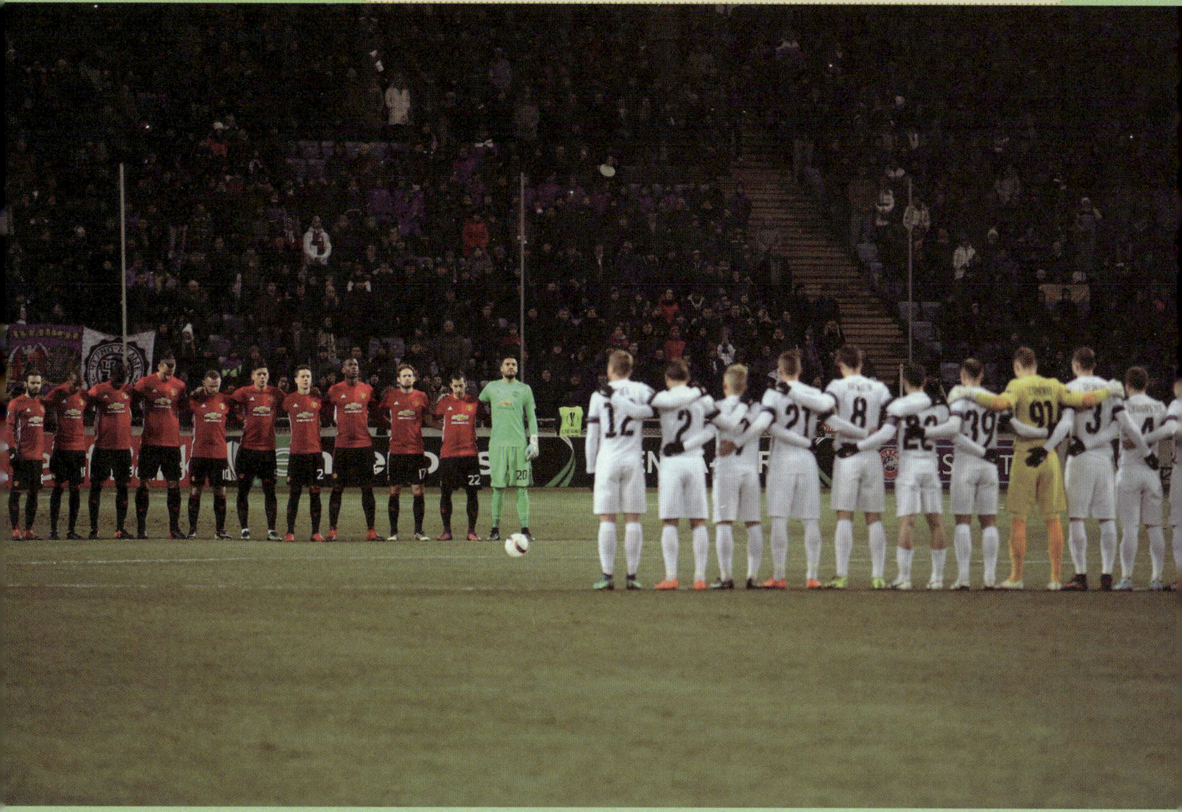

什么是五人制足球？

五人制足球是足球运动的一个变种，又称“室内足球”。在五人制足球比赛中，每支球队只有 5 名队员上场，而不是通常的 11 名。五人制足球比赛通常在室内进行。与传统足球比赛不同，五人制足球通常在较小的场地比赛，使用较小的球门、较小尺寸的足球，并缩短了比赛时间。

五人制足球出现在 20 世纪五六十年代的南美洲，那是当地许多孩子的最重要的娱乐。四块砖头摆两个门，一大群光着脚丫的青少年，在街头巷尾，在每一块空地或沙滩上龙争虎斗，尽情地享受足球给他们带来的

五人制足球的特征

1. 可在室内或室外进行。
2. 球场范围小。
3. 球队上场人数少（4 名场上队员和 1 名守门员）。
4. 使用特殊的更小的球，弹性降低。
5. 所有球员接触球的次数增多，动作快速，射门频繁。
6. 特殊的规则使比赛节奏加快，更有活力。
7. 比赛时间较短，上下半场各 20 分钟（排除意外中止）。
8. 不限制换人名额。
9. 没有越位。

乐趣。他们心中有一个美丽的憧憬，期望有朝一日能成为职业足球选手，能够吃上牛奶三明治，穿上长裤子。

就是在这样的环境中，一批又一批风华绝代的球星横空出世：贝利、加林查、肯佩斯、马拉多纳……

五人制足球运动虽然发展时间较短，但这种竞技方式对锻炼球员的球技很有帮助，同时其特有的趣味性、灵活性对足球爱好者也极具吸引力。五人制足球运用技术复杂，战术多样，攻守变换快，比赛起伏跌宕、精彩纷呈，胜负难以预料，经常出现戏剧性变化……这正是五人制足球运动的魅力所在。

无论是在欧洲、美洲，还是在亚洲，全球的足球爱好者都热衷于这项运动。

如今，大多数国家已经不再把五人制足球当作一项非正式、非官方的小型足球看待了。它已成为世界上普及最快的体育项目之一，有 100 多个国家的 3000 多万人参与了这项运动。

什么是沙滩足球？

沙滩足球是足球运动的一个重要分支，是一项极具吸引力和趣味性的休闲运动，也是被国际足联认可的足球比赛项目。

沙滩足球必须在平坦的沙地上进行，场地必须没有石头、贝壳等任何可能损伤球员身体的物体。进行沙滩足球比赛时，双方各首发 5 名球员，其中包括 1 名门将，替补人数和换人次数不限。整场比赛时间为 36 分钟，分成 3 节，每节 12 分钟，节与节之间休息 2 分钟。球员必须赤足上阵，但也可以穿护踝和缠绷带上场。

沙滩足球与传统足球最大的区别在于独特的犯规判罚制度。沙滩足球首创了三牌制度，即黄牌、蓝牌、红牌。在一场比赛中，同一球员第一次受警告时，裁判员出示黄牌警告；第二次受警告时，裁判员出示蓝牌罚停；第三次受警告时，裁判员出示红牌罚下。得蓝牌警告的球员须停赛离场 2 分钟，待罚停时间到，经裁判员许可，方可重新进场。这实际上是借鉴了冰球比赛的制度。此外，沙滩足球还有特别的 5 秒发球制，即死球后无论是界外球、球门球还是任意球等，都必须在 5 秒钟内发球，超时违规将被判罚间接任意球。

2015 年巴塞罗那杯沙滩足球赛，瓦伦西亚对战巴萨。

世界杯足球比赛是怎么诞生的？

国际足联世界杯（FIFA World Cup），简称“世界杯”，是世界上拥有最高荣誉、最高规格、最高竞技水平、最高知名度的足球比赛，与奥运会并称为全球体育两大顶级赛事。1896年雅典奥运会，足球就被列为正式比赛项目，但当时的奥运会不允许职业运动员参加比赛。

第一次世界大战结束后，巴黎红星队的创始人于勒·雷米特先生当选为国际足联主席，他向各国足球界领导人做了大量的说服工作，竭力证明：一项世界性的足球比赛完全可以同顾拜旦男爵创立的奥运会比赛并行不悖。

2018 年俄罗斯世界杯，法国队夺冠。

2018 年 6 月 13 日，在莫斯科举行的国际足联第 68 届大会上，美国、加拿大、墨西哥三国联合申办 2026 年世界杯足球赛成功。

1926 年 12 月 10 日，国际足联在巴黎召开了一次工作会议，瑞士、匈牙利、法国、奥地利、德国等许多国家都派代表参加了这次会议。1927 年 6 月 5 日，在国际足联召开的赫尔辛基会议上，以 23 票赞成、5 票反对（北欧国家表示反对）、1 票弃权（德国）通过了举办世界杯的议案，从此诞生了世界杯。

世界杯冠军奖杯为什么被称为『大力神杯』？

世界杯奖杯在1970年墨西哥世界杯及之前被称为“雷米特杯”。

雷米特杯见证了世界杯前期的发展与辉煌，也经历了“悲惨的一生”，可谓命运多舛、一波三折。

第二次世界大战期间，雷米特杯一度“失踪”。原来，二战接近尾声之时，纳粹占领了意大利，当时意籍的国际足联副主席巴恩斯为避免奖杯落入纳粹之手，将雷米特杯藏在他床下的鞋柜里，才使它幸免于难。躲过了战乱的雷米特杯却在1966年英格兰世界杯开赛前，在英国展出时被盗。雷米特杯被盗事件轰动了全世界，幸运的是一周后，它被一只名叫“皮克勒斯”的小狗偶然寻得。也许是因为赛前奖杯被盗的小插曲

大力神杯——足球界最高荣誉的象征

刺激了英格兰队，英格兰队最终获得本届世界杯冠军，捧起了雷米特杯，正所谓“塞翁失马，焉知非福”。

雷米特杯在1970年巴西队第三次夺得世界杯冠军后，被其永久拥有。但令人扼腕叹息的是1983年12月，雷米特杯在巴西足协办公楼再次被盗，杳无音讯。有传闻说雷米特杯在里约热内卢北郊的贫民窟被熔化。雷米特杯“香消玉殒”的悲惨结果令全球亿万球迷心碎。后来，巴西足协制作了一个雷米特杯的复制品作为补偿。

后来，国际足联征求新的世界杯冠军金杯设计方案。1971年，意大利艺术家西尔维奥·加扎尼加设计的作品入选，大力神杯由此诞生。

奖杯的线条从底座开始螺旋式上升，就像两名大力士运动员向上伸展开身体，托举起整个地球——这是光辉和荣耀的象征，也是大力神杯得名的原因。大力神杯高36.8厘米，重6.175千克，其中包括4.97千克的18K黄金，底座镶有两圈墨绿色的孔雀石。在大力神杯的底座上，刻着1974年至今所有冠军球队的名字。奖杯拥有的空间，足够容纳下直到2038年世界杯所有冠军球队的队名。

你了解历届世界杯比赛的官方用球吗？

20世纪20年代，阿迪达斯的创始人就致力于研发和生产最好的足球产品，并始终坚持不懈地努力。以前绝大多数足球是咖啡色的，很沉，踢起来脚会很疼。所以从1963年起，阿迪达斯开始制作高质量的比赛用球。1970年，国际足联第一次要求阿迪达斯为墨西哥世界杯提供官方用球。在那届世界杯上，人们第一次通过国际通信卫星在电视上观看比赛，所以那款幸运的足球就被命名为“电视之星”。

1970年墨西哥世界杯：“电视之星”

“电视之星”完全由真皮制成，这一点相比于当时的其他足球并没有什么特殊之处，但与众不同的是它表面由32块手缝的嵌面（12块黑色的五边形和20块白色的六边形）组成，这种全新的构造配合均衡的缝制，使足球拥有更浑圆完美的外形。这一革命性的构造设计书写了足球制作史上新的一页。

“电视之星”首次在白色的足球上镶嵌黑色的五边形，也使得足球在黑白电视机的画面中更为显眼。

1974 年德国世界杯："智利"

1974 年德国世界杯，国际足联使用了两种阿迪达斯的比赛用球——"电视之星"以全新的黑色商标取代之前的金色商标再度出现；此外，又出现了一种新款全白皮球"智利"。不过在材料和制造技术方面，本届世界杯的用球和 1970 年的用球比起来没有太大进步。

1978 年阿根廷世界杯："探戈"

1978 年，足球设计经历了一场改革，推出了最著名的"探戈"：20 个"三角阿迪达斯"形的嵌面相互连接形成 12 个大小相等的圆形。这款球在设计上再次实现历史性的突破，成为足球制作史上的一个经典。从此之后，每一届世界杯用球的外观设计都以"探戈"为基准。

1982 年西班牙世界杯："西班牙探戈"

"探戈"设计在 1982 年仅有微小改变，然而，新设计的"西班牙探戈"却拥有一种重要的技术创新：虽然它仍然是皮制的，但它革命性的防水密封接缝却突破了当时的技术。这种惊人的革新减少了球的水分吸收，也因此减轻了球的重量。

1986 年墨西哥世界杯：“阿兹特克”

1986 年，以主办国墨西哥阿兹特克原住民的建筑风格和壁画为形状装饰的“阿兹特克”优美而精巧，它是有史以来第一粒由合成皮制造的世界杯比赛用球。

合成材料的使用增加了球的耐久性，并且更进一步减少了球对水分的吸收，使球得以在硬地面、高海拔和潮湿环境下保持相同的性能。

1990 年意大利世界杯：“伊特鲁里亚”

1990 年，“伊特鲁里亚”成为意大利世界杯指定用球，它完全采用合成材料并有绝佳的防水性。为了体现主办国意大利的文化，该球的设计还融入了伊特鲁里亚狮头的形象。

1994 年美国世界杯：“奎斯特拉”

1994 年，阿迪达斯推出了第一款以高科技和超高能量反弹白泡棉层为特色的正式比赛用球。它质感更柔软也更容易被操控。

1998 年法国世界杯：“三色球”

1998 年法国世界杯用球“三色球”是世界杯历史上第一款彩色的正式比赛用球，以法国国旗色彩及高卢公鸡为设计灵感来源。“三色球”以一种新研发的“合成泡棉”为特色，这种泡棉进一步改善了当时足球的耐久性以及能量反弹，并使其更具敏锐度。

2002 年韩日世界杯：“飞火流星”

2002 年，“飞火流星”的设计超越了过去的概念。它的外形设计以白色为底，4 个镶嵌着金色和红色且富有动感的飞镖形状图案环绕在足球表面，可以让球员更好地看清足球的旋转情况。

2006 年德国世界杯：“团队之星”

2006 年德国世界杯用球“团队之星”采用黑、白、金三色。黑、白是东道主德国国家队的传统颜色，而金色则代表着世界杯冠军奖杯。

2010 年南非世界杯：“普天同庆”

2010 年南非世界杯用球为“普天同庆”。它采用了 11 种不同的颜色，代表着每支足球队由 11 名球员组成，同时寓意南非拥有 11 个部落和 11 种官方语言。“普天同庆”突破性地仅由 8 块表皮组成。阿迪达斯首次采用球形制模的方法使每一块表皮都实现三维立体结构，然后以热黏合技术拼接完成，从而使新球较以往更圆、运行更精准。

2014 年巴西世界杯：“桑巴荣耀”

2012 年，“桑巴荣耀”在阿迪达斯推出的网络票选中，得到了 70% 的选票，成为 2014 年巴西世界杯的官方用球。它采用了革新的结构设计，用 6 块相同的十字形球面拼块形成了与以往不同的表面结构，使足球具有独特的对称性，能保持极佳的触感、稳定性以及空气动力学性能。

2018 年俄罗斯世界杯：“电视之星 18”

为向 1970 年墨西哥世界杯致敬，2018 年俄罗斯世界杯的用球被命名为“电视之星 18”。球面印有金色的俄罗斯世界杯图标，周身伴有从黑色到灰色渐变的图案（也有红色到黑色渐变的版本）。本款足球只有 6 块拼接面料，这些面料通过无缝接合技术组成一个完整的足球。

除了世界杯外，还有哪些国际足球赛事？

除了世界杯外，还有奥林匹克运动会足球比赛、欧洲足球锦标赛、美洲杯、欧洲冠军联赛、国际足联 U-20 世界杯、国际足联俱乐部世界杯、国际足联女子世界杯等国际足球赛事。

奥林匹克运动会足球比赛

奥林匹克运动会足球比赛是奥林匹克运动会的竞技比赛项目之一。1896 年第 1 届希腊奥林匹克运动会上，足球是表演赛的项目，直到 1908 年的第 4 届奥运会上才被列为正式比赛项目。对于奥林匹克运动会足球比赛，国际足联与国际奥委会之间对参加者的要求一直存在很大的分歧。国际足联一直反对职业足球运动员参加奥运会足球比赛，但在 1988 年又做了如下规定：奥运会足球运动员年龄限制在 23 岁以下，每队允许有 3 名超龄球员。

欧洲足球锦标赛

欧洲足球锦标赛简称“欧锦赛”，也称“欧洲杯”，是一项由欧洲足球协会联盟举办、欧洲足协成员国参加的最高级别的足球赛事。1960 年举行第 1 届，其后每 4 年举行一届，至今已举办 15 届。

赛事创办时名为“欧洲国家杯”，其后于1968年改名为“欧锦赛”。该项赛事创办初衷是为了填补两届世界杯之间4年的空白，从而让欧洲各国有更多的比赛机会。

欧洲冠军联赛

欧洲冠军联赛简称“欧冠”，是欧足联主办的年度足球赛事，代表欧洲俱乐部足球最高荣誉和水平，被公认为全世界最具影响力、最高水平的俱乐部赛事，也是世界上奖金最高的足球赛事之一。历届欧冠比赛中夺冠次数最多的俱乐部为皇家马德里足球俱乐部（简称“皇马”），共13次夺得欧冠冠军；另外，AC米兰7次夺冠，拜仁慕尼黑、巴塞罗那、利物浦等5次夺冠，阿贾克斯4次夺冠。

国际足联 U-20 世界杯

国际足联 U-20 世界杯，是 20 岁以下男子的国际足联世界青年足球锦标赛，经常被称为“世青赛”或“世青杯”。有多位世界足球巨星都是在这项比赛中崭露头角的，例如马拉多纳（1979 年）、达沃·苏克（1987 年）、路易斯·菲戈（1991 年）、欧文（1997 年）、梅西（2005 年）等。首届世青赛于 1977 年在突尼斯举行，由苏联青年队获得冠军，此后的每个奇数年份，都会举行这项比赛。截至 2015 年，阿根廷青年队以 6 次冠军位列冠军总数榜首。

国际足联俱乐部世界杯

国际足联俱乐部世界杯简称“世俱杯”，是一项由国际足联主办、来自六大洲顶级俱乐部球队参与的国际性足球锦标赛。2000 年曾举办过一届名义上的世俱杯，后来由于赞助商问题，赛事被迫取消，直到 2005 年才重新启动。人们习惯上将 2005 年 12 月的比赛称为第 1 届世俱杯。2013 年和 2015 年，中国球队广州恒大作为亚冠冠军参加世俱杯，两次获得第 4 名。

国际足联女子世界杯

国际足联女子世界杯简称“女足世界杯”，一般被视为女子足球最高级别的赛事，是由国际足联主办，各国的女子国家足球队参加的比赛。首届女足世界杯于 1991 年在中国广东（广州、佛山、中山、江门四个城市）举行，之后每 4 年举办一次。

“欧洲五大联赛”指的是哪几个国家的联赛？

目前，世界上足球职业联赛开展得最好的是欧洲。而在欧洲开展得最好、水平最高的联赛分别是：英格兰足球超级联赛（简称“英超”）、意大利足球甲级联赛（简称“意甲”）、西班牙足球甲级联赛（简称“西甲”）、德国足球甲级联赛（简称“德甲”）、法国足球甲级联赛（简称“法甲”），号称“欧洲五大联赛”。

英格兰足球超级联赛

英格兰足球超级联赛是英格兰足球总会属下最高等级职业足球联赛，其前身是英格兰足球甲级联赛。英超由 20 支球队组成，赛季结束后积分榜末三位降入英格兰足球冠军联赛。

英超联赛一直以来被视为世界上最好的联赛之一。它节奏快，竞争激烈，强队众多，现已成为世界上最受欢迎的体育赛事，也是收入最高的足球联赛。曼彻斯特联、曼彻斯特城、利物浦、切尔西、托特纳姆热刺等为英超成功球队代表。

2016—2017 赛季英超联赛足球球衣图标

意大利足球甲级联赛

意大利足球甲级联赛是意大利最高等级的职业足球联赛，其参赛球队数量从 2004—2005 赛季开始由 18 队增加至 20 队，以双循环方式比赛，积分榜排名后三名的球队将会降级到意大利足球乙级联赛（简称“意乙”）。意乙冠亚军直接升意甲，意乙第三名至第六名通过附加赛争夺 1 个升级名额。

意甲联赛是世界上水平最高的职业足球联赛之一，其特点为注重防守。20 世纪八九十年代，意甲球星云集，实力强劲的球队众多，一度被看作世界第一足球联赛，曾被誉为“小世界杯”。尤文图斯、国际米兰、AC 米兰、罗马、拉齐奥、那不勒斯等为意甲代表球队。

西班牙足球甲级联赛

西班牙足球甲级联赛是西班牙最高等级的职业足球联赛，也是欧洲及世界最高水平的职业足球联赛之一，现有参赛球队 20 支。西甲联赛历史上成绩最好的 7 支球队分别是：皇家马德里、巴塞罗那、马德里竞技、瓦伦西亚、毕尔巴鄂竞技、塞维利亚和比利亚雷亚尔。

德国足球甲级联赛

德国足球甲级联赛是德国足球最高等级的俱乐部赛事，由德国足球协会于 1962 年 7 月 28 日在多特蒙德确立。

德甲联赛共 18 支球队参赛，采取主客场双循环赛制，冠军将获得俗称“沙拉盘”的冠军奖盘；排名最末的两支球队直接降级至德国足球乙级联赛（简称“德乙”）；排名倒数第三的球队将与德乙季军进行附加赛，优胜者将参加下一赛季德甲联赛。德甲联赛前四名可获得欧洲冠军联赛的参赛资格。

作为欧洲五大联赛之一，德甲已经走过了 50 多年的风雨历程，长期是全球平均上座率最高的足球联赛之一。拜仁慕尼黑是德甲最为成功的球队，共获得 27 次德甲冠军。

法国足球甲级联赛

法国足球甲级联赛是法国最高级别的职业足球联赛。

法国人对足球远没有英国人或意大利人那么狂热与执着，他们大多数只是把它当作一种游戏、一种赏心悦目的周末节目来欣赏。但即便法国人对足球再漫不经心，也无法否认这个国家在世界足球发展史中做出的重要贡献。

法甲著名球队有：巴黎圣日耳曼、里昂、马赛、摩纳哥等。

青少年也有属于自己的世界杯吗？

国际足联U-20世界杯、国际足联U-20女子世界杯、国际足联U-17世界杯、国际足联U-17女子世界杯等都属于青少年世界杯。这些足球赛事都是由国际足联负责。

国际足联U-20世界杯，是20岁以下男子的国际足联世界青年足球锦标赛，经常被称为“世青赛”或“世青杯”。

国际足联U-20女子世界杯简称“女足世青赛”，创建于2002年。

国际足联U-17世界杯简称“世少赛”，是由17岁以下国家队参加的男子足球锦标赛。首届赛事于1985年在中国举行，每两年举行一届。

国际足联 U–17 女子世界杯创建于 2008 年，每两年一届。中国女足国少队于 2012 年首次获得参赛资格，小组未出线。2013 年 10 月 6 日，中国队战胜泰国队夺得亚足联 U–16 女足锦标赛季军，挺进次年举行的国际足联 U–17 女子世界杯。

除此之外，还有全球青年世界杯。该赛事创立于 1975 年，由全球各个国家选派 11 ~ 19 岁的青少年，组成该国青少年足球队参加比赛。一直以来，该赛事都在瑞典的第二大城市哥德堡举办。2016 年 8 月该赛事首次在中国沈阳举办，这也是该项青少年足球顶尖赛事第一次走出瑞典，走进中国。

中国是什么时候加入国际足联的？

1955 年，中国足球协会在北京成立。1956 年，由于国际足联不愿取消中国台湾会籍，时任中国足协副主席的张联华退出会场以示抗议。1958 年第 31 届国际足联代表大会上，国际足联再次拒绝了中国代表要求取消中国台湾会籍的请求。1958 年 6 月 7 日，中国代表团正式发表声明，退出国际足联。

此后数年间，中国队未再参与国际足球赛事。直到 1974 年，亚足联才重新接纳中国为亚足联会员并取消了中国台湾的会籍。

1975 年是中国足球关键的一年，时任国际足联主席的阿维兰热访华，与中国足协主席李凤楼就恢复中国在国际足联合法席位及处理中国台湾会籍等问题交换了意见。

1979 年，国际足联重新接纳中国为会员，并要求中国台湾改名为“中华台北足球协会”。1980 年 7 月 7 日国际足联第 42 届代表大会上，中国恢复在国际足联中的合法席位并正式回到国际足球舞台。除了加入国际足联与亚足联外，中国还在 2002 年加入了东亚足球协会。

哪位中国人曾被评为『世界球王』？

李惠堂，祖籍广东五华，1905 年出生于香港，是中国近代体育史上著名的足球运动员。他从 17 岁开始足球生涯，活跃于 20 世纪二三十年代的亚洲足坛，被球迷和香港媒体评为“亚洲球王”。

他不但是二战前罕见的中国职业足球运动员，也是当时公认的中国足球第一人。据统计，他在各项足球比赛中，共射进 1860 个球。1976 年联邦德国一家权威性足球杂志的一次评选活动中，李惠堂与巴西的贝利、联邦德国的贝肯鲍尔、阿根廷的斯蒂法诺和匈牙利的普斯卡什一同被评为“世界五大球王”。他曾代表中国在亚洲足球赛场上披荆斩棘，为中国足球勇夺 9 届远东运动会冠军。

20世纪30年代，在上海曾流传着这样一句话："看戏要看梅兰芳，看球要看李惠堂。"可见李惠堂在当时具有多大的影响力。

1947年后，他转而从事教练、裁判员工作。1948年，李惠堂作为教练率中国足球队参加第14届奥运会足球赛，同年获国际足联国际裁判证书，成为中国第一位获得国际裁判资格的人。1954年、1958年率中国台北队夺得第2届、第3届亚运会足球赛冠军。

他还曾在1954年当选为亚洲足球联合会秘书长。1965年，他当选为国际足联副主席，成为中国在世界足坛获得最高职务的人，在世界足坛享有很高的威望。

"球王"李惠堂还曾多次举办足球义赛筹款抗日。1937年抗日战争全面爆发，中国战火纷飞，伤势痊愈后的李惠堂出现在香港赈灾的赛场上，雄风依旧。

后来为了避开日本人和汪伪政权的追踪，李惠堂决定返回广东老家。他在田野乡村过着简朴的生活，并在家门口贴上了一副对联“认认真真抗战，随随便便过年”。在维持生计之余，李惠堂依然没有放弃他所热爱的足球。回到家乡后不久，他先后组织五华足球队和航建足球队，两次访问梅州市梅县区、兴宁、韶关等地，到各地巡回比赛，推动了山乡体育运动的发展。

1942 年，黄河决堤，灾民非常多，李惠堂举办足球义赛义捐。踢了 138 场，收入全部捐给灾区，用于慰劳伤兵、孤儿。更留下了“海角归来奔国难，名成献艺赛频频”的诗句。

1979 年 7 月 4 日，李惠堂因病逝世，享年 74 岁。他不仅拥有“中国球王”“亚洲球王”“世界球王”等炫目的称号，更是一位爱国者，一位民族英雄。

中超是如何诞生的？

中超全称“中国足球协会超级联赛”，是中国级别最高的职业足球联赛，联赛冠军将获得“火神杯”。

中超的前身是中国足球甲级A组联赛，简称“甲A”。甲A联赛开始于1989年，前期为专业化体制，1994年改为职业化体制，是中国足球职业化改革之路上的重要里程碑。甲A联赛一度是中国足球的顶级联赛，可惜由于赛制不够完善、管理不够规范，国内各级联赛陆续出现严重的假球、黑哨现象，致使甲A联赛逐渐衰落。

在这种情况下，中国足球协会下定决心对甲A联赛进行大刀阔斧的改革，决定效仿英超联赛，将甲A联赛改组为中超联赛。2004年，中超联赛正式拉开序幕。相较于甲A联赛，中超联赛实施“升二降二”的升降级制度，参赛球队数从12支增加到16支，并提高了各项准入标准，旨在规范足球管理、提高中国足球水平；同时，为了吸引球迷和更好地运营，中超联赛增强了商业性和观赏性。目前，中超联赛由中国足球协会负责组织，中超联赛有限责任公司负责运营。它不仅是中国顶级足球职业联赛，也是亚洲最具影响力的足球联赛之一。

中国女足在国际赛事中取得过哪些佳绩？

中国女足曾经创造过辉煌的历史，也经历过低谷，但一代又一代的“铿锵玫瑰”一直都在绿茵场上拼搏奋斗。她们的不懈努力和顽强精神，值得每一位中国人自豪。

亚洲杯

1986 年，首届亚洲杯女子足球锦标赛在中国香港拉开序幕，中国女足首次参赛就一举夺冠，从此开创了亚洲杯“七连冠”的辉煌历史。此后，中国女足连续多年不敌朝鲜队，无缘冠军宝座。直到 2006 年亚洲杯，中国队终于以 1∶0 险胜朝鲜队，又在决赛中战胜澳大利亚队，时隔 7 年再度登上亚洲霸主宝座。

亚运会

从 1990 年北京亚运会首战告捷至今，中国女足一共参加了 8 届亚运会，取得了 3 金 2 银 1 铜的佳绩。尤其是 1990 年北京亚运会、1994 年广岛亚运会、1998 年曼谷亚运会，中国女足“三连冠”，可谓是气势如虹。在 2018 年 8 月结束的雅加达亚运会女足决赛中，中国女足憾负日本队，获得亚军。

奥运会

世界女足运动起步较晚，直至 1996 年亚特兰大奥运会，国际奥委会才把女子足球列入正式比赛项目。亚特兰大奥运会赛场上，中国女足首次征战便势如破竹挺进决赛，斩获亚军。之后的 2000 年悉尼奥运会和 2008 年北京奥运

会，中国女足均取得了第 5 名的佳绩，尤其是 2000 年悉尼奥运会，在与尼日利亚队及美国队的小组赛中，孙雯贡献了史诗级的精湛表现——分别用左、右脚射入了两粒禁区外直接任意球！这样激动人心的经典时刻，至今仍令球迷们津津乐道。

世界杯

截至 2018 年，中国女足已 6 次打入世界杯决赛圈，每次都成功跻身八强。其中最傲人的成绩是 1999 年美国世界杯亚军。美国世界杯那场决赛，中国队与美国队一直厮杀到加时赛结束，依然 0 : 0 难分胜负。直到点球大战中，中国队以一个点球之差惜败。中国女足虽败犹荣，她们以强劲的实力，顽强拼搏、坚持不懈的精神，为中国足球赢得了世界的尊重。

中国有哪些优秀的女足运动员？

中国国家女子足球队自 1983 年成立至今，诞生过许多优秀的女足运动员：孙雯、刘爱玲、赵利红、马晓旭、王霜……被誉为“铿锵玫瑰”的她们，用不屈的精神和强劲的实力诠释了足球人的精神。

“穿裙子的马拉多纳”孙雯

孙雯无疑是中国足球界最为响亮的名字。她拥有“中国女球王”“穿裙子的马拉多纳”等多项美誉，是中国唯一一位获得“世纪足球小姐”殊荣的女足运动员，也是中国足球史上最强的足球运动员之一。

作为一名顶级主力前锋，孙雯的特点是跑动意识好，进攻欲望强烈，脚下技术细腻，传接球精准；不仅个人门前得分能力强，还善于组织全场进攻。1999 年美国世界杯，中国女足一路过关斩将冲到了世界杯亚军，这是中国足球迄今为止所获得的最高荣誉。在这届世界杯赛场上，孙雯势如猛虎，锐不可当，取得了一人打入 7 球的惊人成绩。孙雯以其强大的得分能力和精湛的技术为中国足球博得了世界的喝彩。她个人包揽了当届世界杯的金球奖、金靴奖等大奖，成为国人的偶像。2000 年悉尼奥运会的小组赛上，孙雯用左、右脚分别射入两粒任意球的经典瞬间，至今令人难以忘怀。同年 12 月，孙雯获得世界足坛最高荣誉——国际足联颁发的“世纪足球小姐”。孙雯成为当之无愧的“中国女球王”。

孙雯（右）

2018 年呼和浩特马拉松比赛，中国女足前国脚刘爱玲（左）与中国长跑名将王军霞（右）作为领跑者参与了赛事。

“女足齐达内”刘爱玲

1987 年，20 岁的刘爱玲入选中国国家女子足球队。在此后长达 15 年间，她与中国女足一道出征了 140 多场比赛，是国家队出场次数最多的主力球员之一。如果说孙雯是冲锋陷阵的最佳前锋，那么刘爱玲则是稳如泰山的“中场指挥官”，是整个球队的核心人物。刘爱玲的足球基本功扎实细腻，技术全面，善于组织；不仅视野开阔、长传精准有力，而且防守积极、善于阻截，与队友的配合也是行云流水、默契无间，还有极强的控球盘带能力和射门得分能力，被誉为“女足齐达内”。在 1999 年美国世界杯对阵挪威队的那场比赛上，刘爱玲惊艳完美的左右脚凌空抽射被直接列入教科书。

“女足梅西”王霜

1995年出生的王霜是新生代女足小将的代表之一。她12岁入选国家女子少年足球队，15岁入选国家女子青年足球队，不满18岁便入选了国家女子足球队。她司职前锋和边锋等多个前场攻击位置，曾随中国女足出征2015年女足世界杯、2016年里约奥运会、2018年女足亚洲杯等多项国际大赛，至今已经参加过80多场比赛，并攻入19球。王霜技术出众，盘带细腻，定位球脚法出色，有“女足梅西”的美称。2013年，王霜入选亚足联年度“最佳女子青年球员”名单，2017年摘得中国女子金球奖桂冠。2018年8月，王霜正式加盟法甲巴黎圣日耳曼女足，开启了自己的欧洲征程。

2017年中国—克罗地亚足球友谊赛，王霜（中）破门得分。

你还知道哪些优秀的中国女足运动员？

颠球对于踢好足球有什么帮助？

颠球，指的是用身体的某个或某些部位连续不断地将处于半空中的球轻轻击弹起的动作，是足球训练的一项基本功。

足球比赛紧张激烈，运动员要想在风云变幻的赛场上轻松自如地应对处于各种不同状态的球，就必须了解和熟悉球的各项性能，掌握球在各种状态下的运动规律，增强自己对球的运动轨迹的感知能力和预判能力。

经常练习颠球，不仅能有效帮助运动员增强球感、熟悉球性，提高控球能力和应变能力，还可以锻炼关节灵活性，增强注意力和平衡感，提升运动员的身体机能，为传球、射门、接球、抢截等技术打下良好的基础。除此之外，颠球还具有很强的趣味性和观赏性，可使运动员在紧张的高强度训练之余放松身心，又在轻松“玩”球的过程中得到了有效的训练。

巴西球员内马尔的颠球表演

Fly
Emirates
QNB
PARIS
PARIS

运球过人的方法有哪些？

足球运球过人的方法可谓五花八门、千变万化，不仅有常见的扣球过人、挑球过人等基本技巧，还有“踩单车”“牛尾巴”“彩虹过人”“钟摆过人”等华丽炫目、实用性与观赏性俱佳的假动作过人。

踩单车

“踩单车”指的是带球运动员双脚轮番在球的四周快速绕圈做假动作，使对方眼花缭乱，从而突破过人。被誉为“单车少年”的巴西球员罗比尼奥曾经连踩 8 次“单车”制造点球，惊艳世界。他的“单车”脚法飘逸轻灵，每每能将对手晃得晕头转向。

牛尾巴

“牛尾巴”指的是球员单脚快速用脚背外侧和内侧触球，通过一次触球、两次变向来迷惑防守球员，使防守球员失去重心，以达到突破过人的目的。最早创造“牛尾巴”过人的是巴西球员里罗伯托·里维利诺。1968 年巴西与联邦德国的一场友谊赛上，里维利诺首次展现“牛尾巴”惊艳技巧，便将“足球皇帝”贝肯鲍尔戏耍得团团转。

彩虹过人

“彩虹过人”指的是进攻球员在前进过程中，双脚夹球跃起，将球从背后甩至空中，使球越过防守队员头顶。2002年韩日世界杯巴西—土耳其赛场上，土耳其年轻球员伊尔汗以一记漂亮的“彩虹过人”，突破了巴西老将罗伯特·卡洛斯的防守，逼得卡洛斯情急之下不得不犯规阻止伊尔汗的进攻。伊尔汗因此一战成名。

钟摆过人

“钟摆过人”指的是球员带球行进过程中，左脚、右脚分别向左前方和右前方各跨一步，重心不断地左右偏移，上半身跟着快速晃动；同时密切注意对方重心的变化，一旦对方防守球员失去重心，便果断地向相反侧运球完成突破。“钟摆过人”的特点是上半身晃动极大，同时对下肢及腰腹力量、技巧及平衡性等硬件条件要求极高，属于超高难度的动作。将“钟摆过人”运用得最出神入化的，首推有“摇摆王”之称的巴西著名球员罗纳尔多。罗纳尔多能够在高速状态下做“钟摆过人”而速度丝毫不减，过人之后还能进一步提速，放眼足坛无人能出其右。

你还知道哪些有趣的过人妙招？

头顶球到底会不会引起脑震荡？

头顶球简称“头球”，指的是足球运动中，球员有目的地用前额将球击向预定目标的一种技术。这种技术被广泛运用于进攻中的空中传球、高球射门和防守中的抢断高空球。头是人体最高的一个部位，能较早接触到空中的球，用头顶球可以抢占空中优势，扩大球员的空间控制范围，对争取时间和抢占空间极为有利，具有重要的战术意义。因此在现代足球比赛中，头顶球是处理高空球最为重要的一种手段，无论是启蒙阶段的小朋友还是成熟的职业运动员，都要加强头顶球训练。

从人的头颅骨构造和运动生理角度来说，人体高高跃起用前额主动顶击来球是否会引起脑震荡，关键在于能否正确掌握头顶

球技术和顶球位置。头顶球使用的触球部位一般是前额部，而前额部的额骨是颅盖骨中最为坚硬厚实的一块，能够承受住很大的冲击力。并且，当球员主动用头顶球时，他从头部到颈部的骨骼和肌肉都保持着一定的紧张性和协调性，这也起到了一定的缓冲作用。所以，只要掌握正确方法，头顶球是不会引起脑震荡的。

足球运动中最易受的十种伤

足球是一项具有激烈对抗性的运动，无论是肌肉的瞬间发力，还是身体之间的猛烈冲撞，都极易造成身体损伤。以下是足球运动中最易受的十种伤：

1. 膝关节十字韧带拉伤
2. 头部遭撞击受伤
3. 瞬间发力致腹股沟损伤
4. 触球位置不当致趾骨发炎或骨折
5. 守门员手指韧带划伤
6. 步法不协调致小腿肌肉拉伤
7. 跟腱断裂
8. 髌骨肌腱断裂
9. 半月板损伤
10. 脚踝扭伤

想要降低运动损伤风险，就需要在训练前充分做好热身活动，训练中时刻保持技术动作准确到位，训练后适当放松拉伸。足球运动磕磕绊绊在所难免，但正确做好各个环节，还是能够最大限度避免运动损伤的。

如何完成一记漂亮的头顶球？

想要完成一记漂亮的头顶球，除了需要克服对头顶球的胆怯心理，还需要准确且熟练地掌握以下几个分解动作：

（一）双眼正视来球，观察来球性质、运动轨迹、弧度等特点，在此基础之上判断出最佳顶球时间和位置，使球飞行的自然弧线与我们正视来球的视线能够直接相遇。有时需要根据来球高度和弧线大小的不同，适当调整身体姿势，如腾空跳或屈膝下蹲。

（二）双脚有力蹬地，使身体向上腾起或者加速向前摆动，来增大头部击球力量。具体而言有两种顶球方法：一种是身体向上腾起，通过腹肌的有力收缩和颈部的迅速发力，直接以头部顶击来球。这种方法出击隐蔽迅速，方向变化难测，但力量较小。另一种是上身加速向前摆动，带动头部快速击球。这种方法能够使头部在击球前预先获得一定的摆动速度，从而增大头部击球力量。

（三）掌握合理的击球时间与部位。一般情况下，当身体前摆即将恢复到直立状态的瞬间，是较为合理的击球时间。头顶球击球部位，主要分为前额正面与前额侧面两大类。球员需要在日常训练中不断练习、不断摸索，才能找到最合适的击球点。

小贴士

想要完成一记漂亮的头顶球，日常训练必不可少。日常训练中，可在发展全身力量的基础上，着重训练腿部和腰腹部的速度和力量，如各种跑、跳、俯卧撑等徒手练习，抛实心球、举哑铃等器械练习，以及大力踏踢球射门、顶球等带球练习。需要注意的是，儿童、青少年正处于骨骼、肌肉迅速生长时期，安排力量练习时要慎重考虑身体承受能力，以选用中小负荷练习为佳。

鱼跃头顶球是怎么完成的？

鱼跃头顶球又称“鱼跃冲顶”，是头顶球技术中的一种。当来球的位置距离身体较远且处于齐腰高度的低空时，球员来不及快速移动到位，也不能直接原地向上跳起顶球，这时就需要像鱼一样飞身跃起，使用鱼跃头顶球技术，抢点射门。

当判断好来球的路线并选好顶球点后，球员应以单脚或双脚用力积极后蹬腿，使身体以接近水平的状态向前跃出，同时两臂微屈前伸，掌心向下，利用身体向前跃出的冲力，以前额正面顶击球。顶球后，两手先着地，手指向前，两臂有弹性地屈肘撑地，接着以胸部、腹部和大腿依次着地，然后脚跟着地滑行；或是在身体落地时侧滚，以防摔伤。

2014 年巴西世界杯小组赛荷兰与西班牙的大战中，荷兰队员范佩西以一记难度极高的鱼跃头顶球技惊四座，问鼎《卫报》“2014 年世界足坛十大瞬间评选”榜首。当比赛进行到第 44 分钟时，荷兰队员布林德送出长传，范佩西迅速摆脱了西班牙两大中卫防守，在距离球门约 13 米处直接飞身鱼跃冲顶。西班牙门将卡西利亚斯眼睁睁看着足球直钻网窝，束手无策。范佩西这记经典的鱼跃头顶球角度完美无瑕，身体飘逸舒展，从起步到收尾的姿势都令人赏心悦目，书写了足球史上难以复制的经典神话。

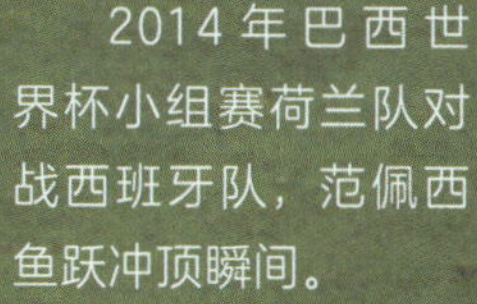

2014 年巴西世界杯小组赛荷兰队对战西班牙队，范佩西鱼跃冲顶瞬间。

非守门员的队员何时才可以用手触球？

在足球比赛中，正常情况下除了守门员以外，其他队员是绝对不能用手触球的。只有一种例外情况，那就是掷界外球。掷界外球是继续足球比赛最为常见的一种方式。当球的整体从空中或者地面越出边线，比赛中断，这时就需要由对方球员以掷界外球的方式重新开始比赛。当球被掷入场内后，中断的比赛才得以继续进行。

掷界外球非常容易出现发球违规。在业余比赛中，经常可以看到球员抢发界外球，结果立刻发球违规，导致球权交换；双方不断交换球权的情况也屡见不鲜。因此，掌握正确的掷界外球要领十分重要。

那么，应当如何掷出一记正确的界外球呢？牢牢掌握以下几个要领，掷界外球的时候就不会再被吹违规啦！

（一）面向比赛场地。具体的掷球点不是固定的，边线、端线、前场、边线中点、罚球延长线都有可能，视具体比赛情况需要而定。

（二）双脚站在边线上或边线后，绝对不能离地。跳起来发球是很多初学者常犯的错误。

（三）双手持球。

（四）将球从头后经头上掷出，不要举在头顶直接向前抛。

（五）在其他队员触球前，掷球队员不得再次触球。

除了以上罗列出的基本动作，我们还可以通

过助跑、垫步等进阶方式，让身体获得更多的动能，掷出更远的界外球。对于初学者而言，推荐使用助跑—抛出—拖脚这样的助力方式。

掷界外球虽不能直接进球得分，但却可以帮助制造进球机会。曾效力于英超斯托克城的右后卫罗里·约翰·德拉普以其手力出众、特别擅长掷远距离界外球而闻名球坛。他的界外球最远可掷到40米，在比赛中曾多次制造进球，因此获得了一个霸气十足的称号——“德拉普手榴弹”。

罗里·约翰·德拉普

你知道任意球『精确制导』吗？

“精确制导”源自军事术语，指的是精确导引和控制飞行器按一定规律飞向目标或预定轨道的技术和方法。安装了精确制导装置的武器，命中率高，且具有自主制导的能力。因此这一术语被引进足球领域后，常被用来形容那些飞行轨迹看似奇特，最后却总能精准命中，仿佛安装了精确制导装置，能够自行寻路破门的精彩任意球。能踢出这种任意球的球员，自然也被推崇为大师级人物。以下是几位任意球“精确制导”大师和他们亮相绝技的经典时刻：

大卫·贝克汉姆的“圆月弯刀”

大卫·贝克汉姆的“圆月弯刀”传奇早已被写进教科书中。2001 年 10 月 6 日韩日世预赛英格兰队对阵希腊队的比赛上，英格兰队直到最后的伤停补时阶段，仍以 1∶2 落后于希腊队，眼看出线无望。在这千钧一发的紧张时刻，英格兰队意外获得一个前场任意球机会。这个任意球无疑是一根救命稻草，而负责主罚这关键一球的队员，正是大卫·贝克汉姆。还记得 1998 年法国世界杯英格兰队对阵宿敌阿根廷队的那场比赛上，贝克汉姆因为一时冲动而被红牌罚下，最终导致英格兰队含恨败北。他一夜之间成了全英格兰球迷心中的“罪人”，他的事业也由此陷入低谷。三年之后，贝克汉姆带着自己苦练而成的“圆月弯刀”绝技重返战场，决定球队生死存亡的重担再一次被交付到他的肩上。这一次他能否承受住巨大的心理压力，不负全英格兰球迷的重托？所有人屏住了呼吸，全场目光都聚焦在他身上。贝克汉姆起脚了，只见一道优美的弧线绕过人墙，精准落网，干净利落，全场欢呼！英格兰队成功出线！这一次，他不仅一脚把英格兰队踹进了韩日世界杯，也为自己打了一场漂亮的翻身战。

大卫·贝克汉姆

胡安·罗曼·里克尔梅的“落叶斩”

阿根廷著名球员胡安·罗曼·里克尔梅的“落叶斩”任意球也堪称江湖一绝。与贝克汉姆走水平弧线的“圆月弯刀”不同，里克尔梅的“落叶斩”在出脚的刹那，球先向上飞行，越过人墙后立即急速下落，令门将防不胜防。里克尔梅最令人拍案叫绝的“落叶斩”神话，应数2007年南非世预赛上被誉为“梅开二度”的那两脚任意球。2007年10月14日南非世预赛，阿根廷队对战智利队。比赛进行到第26分钟和第45分钟，里克尔梅在禁区弧顶左右两侧，连续用右脚内脚背搓出两脚劲道十足的“落叶弧线球”，直挂球门右上死角。两次射门，智利门将都只能瞠目结舌地看着足球入网，来不及做出任何扑救动作。

胡安·罗曼·里克尔梅

小儒尼尼奥的“S 型”任意球

巴西著名球员儒尼尼奥·佩南布卡诺（昵称“小儒尼尼奥”）驰骋球坛的独门绝技是“S 型”任意球。其诡异程度较常见的“C 型”弧线球更胜一筹，能够连续拐 2 个相反的弯儿，轨迹飘忽不定，着实令人匪夷所思。2007—2008 赛季法国杯半决赛里昂对战色当比赛的第 88 分钟，效力于里昂队的小儒尼尼奥便踢出了这样一记惊世骇俗的“S 型”任意球。球在刚出发时完全不旋转，越过人墙后轨迹开始向右偏，但是随即突然向左冲去，最终打入球门左侧死角，助里昂 1∶0 晋级决赛。这个貌似打破物理学常识的经典“S 型”任意球，至今仍让球迷们百思不得其解，小儒尼尼奥也凭借此球获封“任意球大师”称号。

你还知道哪些任意球大师？

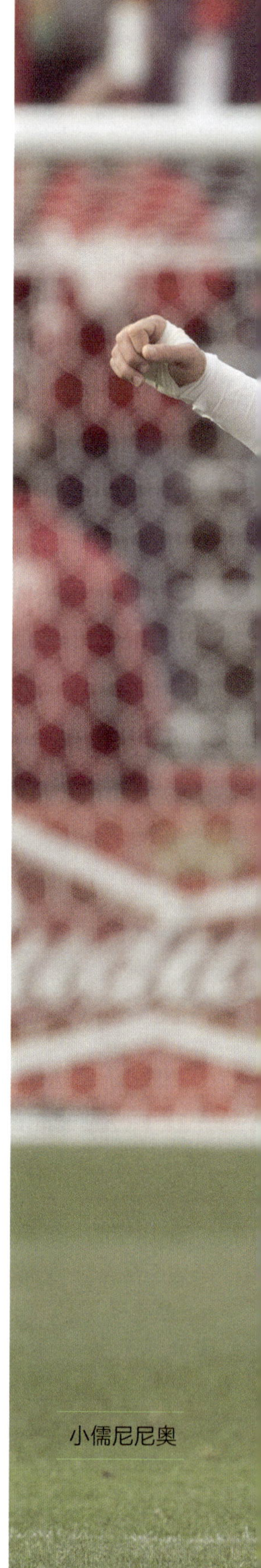

小儒尼尼奥

adidas
Red Bull
8
12

神射手们是怎么做到『进球如麻』的？

神射手们往往拥有令人惊异的平衡性、超群的速度和灵活性，以及堪称一绝的突击能力。他们总是在触球之前就已经预先研判好下一个动作的路径，以便一接到球便可快速展开突袭。超凡的加速度，能够让他们在启动后极短的时间内达到全速状态。他们在跑动时能够随时轻松变向，同时凭借脚下出色的控制力，游刃有余地突破过人。跟一些带球时只看脚下的球员不同，视野开阔的神射手们在移动时总是时刻观察场上形势的变化，以便能够灵活及时地随机应变。

神射手们的睿智之处在于，突入禁区之后，他们不会把过多的精力放在控球上，而会静待对方门将先有所动作，再相机选择最适合的方式，直接射门或是误导门将再射空门。在射门方式的选择上，虽然完全有能力在禁区外大力远射，但聪明的他们往往还是更倾向于禁区内带角度的巧射，因为这样能够节省体力且提高命中率，不必用到太多的力量即能四两拨千斤。

简而言之，神射手们拥有强悍的身体素质、惊人的带球速度和全面的技术。他们能用速度过人，能用假动作过人；能头球破门，能射点球、任意球，能近射，能远射，甚至连脚后跟也能用来射门。这也难怪他们能“进球如麻”了。

小贴士

历届世界杯金靴奖最佳射手榜单

1. 1930 年乌拉圭世界杯：〔阿根廷〕斯塔比尔——8 球
2. 1934 年意大利世界杯：〔捷克斯洛伐克〕尼昂德利、〔德国〕科宁——5 球
3. 1938 年法国世界杯：〔巴西〕里奥尼达斯——7 球
4. 1950 年巴西世界杯：〔巴西〕阿德米尔——8 球
5. 1954 年瑞士世界杯：〔匈牙利〕柯奇士——11 球
6. 1958 年瑞典世界杯：〔法国〕方丹——13 球
7. 1962 年智利世界杯：〔苏联〕伊凡诺夫、〔南斯拉夫〕叶尔科维奇、〔匈牙利〕阿尔贝特等 6 人——4 球
8. 1966 年英格兰世界杯：〔葡萄牙〕尤西比奥——9 球
9. 1970 年墨西哥世界杯：〔联邦德国〕盖德·穆勒——10 球
10. 1974 年德国世界杯：〔波兰〕拉托——7 球
11. 1978 年阿根廷世界杯：〔阿根廷〕肯佩斯——6 球
12. 1982 年西班牙世界杯：〔意大利〕罗西——6 球
13. 1986 年墨西哥世界杯：〔英格兰〕莱茵克尔——6 球
14. 1990 年意大利世界杯：〔意大利〕斯基拉奇——7 球
15. 1994 年美国世界杯：〔保加利亚〕斯托伊切科夫、〔俄罗斯〕萨连科——6 球
16. 1998 年法国世界杯：〔克罗地亚〕苏克——7 球
17. 2002 年韩日世界杯：〔巴西〕罗纳尔多——8 球
18. 2006 年德国世界杯：〔德国〕克洛泽——5 球
19. 2010 年南非世界杯：〔德国〕托马斯·穆勒——5 球
20. 2014 年巴西世界杯：〔哥伦比亚〕罗德里格斯——6 球
21. 2018 年俄罗斯世界杯：〔英格兰〕凯恩——6 球
22. 2022 年卡塔尔世界杯：〔法国〕姆巴佩——8 球

什么是『倒挂金钩』？

“倒挂金钩”是最为华丽炫目的射门方式之一。当球员接到队友传球时，如果正好背对球门来不及转身，便可顺势飞身跃起，以一记漂亮的后空翻，使自己形成头下脚上的姿势，像一把倒挂的金钩，然后绷直惯用腿，起脚发力，直接破门。

“倒挂金钩”是一项打破常规的射门绝技，无论是对技术含量的要求，还是对身体机能及协调性的考验，都非常高。它要求球员必须有极好的脚感、过人的爆发

力和弹跳力，同时身体必须足够抗摔打，可谓五星级高难度技术。葡萄牙著名球员克里斯蒂亚诺·罗纳尔多（昵称“C 罗”）倒钩射门时的弹跳高度可达 60 厘米，射门的右脚与地面的距离可达 2.4 米。而正常人的倒钩弹跳，最多只能达到 30 ~ 40 厘米左右。

必须强调的一点是，倒钩射门具有一定的危险性。如果球员技巧欠佳，或者身体不够强壮，不仅容易弄巧成拙，还极其容易受伤。因此，不太建议业余球员盲目模仿“倒挂金钩”。

2017—2018 赛季欧冠联赛 1/4 决赛首回合，皇家马德里对战尤文图斯。比赛进行到第 63 分钟，C 罗（中）接卡瓦哈尔回传中路球，“倒挂金钩”攻破对方球门，惊艳全场。

胸部停球是如何完成的？

胸部停球指的是指利用胸部位置接停飞来的高空球，以达到控制来球的目的。胸部面积大、有弹性、位置高，可停住高空球和空中平直球。胸部停球技术分为收胸式和挺胸式两种，两种动作差别不大，只是在触球时稍有变化。收胸式停球对胸口的撞击力较小，且收胸时胸部产生一个面向地面的角度，能够方便球员更快速地将球控制在脚下，有时甚至可以起到连停球带过人的效果，所以比赛中一般推荐采用收胸式停球。

小贴士

2006 年德国世界杯，英格兰队对战瑞典队。比赛进行到第 33 分钟，瑞典后卫匆忙顶出一个高空球，被英格兰中场球员乔·科尔用胸部拦下。乔·科尔不等球落地，便以迅雷不及掩耳之势凌空抽射。球以一道惊艳的高抛物线划破天空，直刺球门左上死角。瑞典门将伊萨克森虽然指尖勉强触球，但仍无力阻止球撞柱入网，只得望球兴叹。乔·科尔起脚的位置距离球门约 30 米，可他处理得如此轻松自如，从胸部停球到凌空抽射，整个动作一气呵成。这个借助胸部停球完成的破门，也成为当届世界杯最精彩射门之一。

如果说，乔·科尔利用胸部停球所制造的精彩射门奠定了英格兰队小组第一的出线优势，那么，格策的胸部停球则是帮助德国队问鼎世界杯的制胜一招。2014 年巴西世界杯决赛，德国队对阵阿根廷队，常规时间内双方均没有进球。直到加时赛结束前的 7 分钟，德国队的许尔勒左路突破传中，替补上场的格策在禁区内胸部停球后捅射，用左脚将足球送入阿根廷队的球门，打破了长达 113 分钟的场上僵局。德国队也因此击败阿根廷队，第 4 次夺冠。

胸部停球是一项非常重要的基本技术，动作看似简单，要完成得干净漂亮并不容易。让我们通过具体的分解动作来了解一下基本的技术要领：

（一）准备动作。身体正对来球，两脚前后或者左右开立，双臂自然张开，紧收下颚防止球砸中下巴。

（二）预判落点。球的落点判断对任何技术而言都是重点。通过不断的练习，就能逐渐提高判断落点的能力。

（三）主动迎球。如果想要用胸部将球停好，应当采取主动向前迎球的方式来使用胸部停球，而不是站在原地等待来球砸到自己的胸部。

（四）收胸控球。胸部触球的瞬间，迅速收胸、收腹缓冲来球力量，使球自然落地，并迅速用脚控制好球。收胸时机的掌握是胸部停球技术的一项关键点，收胸时机过早或过晚，都容易使身体受伤。

在实战中，整个胸部停球动作要完成得干净利落。多加练习，逐渐提高对球的控制力后，可以尝试进阶，即改变停球的方向和落点。久而久之，便可全方位地熟练掌握胸部停球技术了。

你知道哪些经典的点球大战？

足球比赛中，参加淘汰赛的两支队伍若在常规时间和加时赛结束后仍为平局，则需要靠点球大战决出胜负。点球大战由双方队伍各派出 5 名队员，轮流踢点球。5 轮过后，累计进球数多的一方获胜。如 5 轮过后双方仍未分出胜负，则继续轮流踢点球，直至出现踢完相同次数时，一队比另一队多进一球的情况为止。点球大战以其刺激性吸引了众多球迷的关注，下面就让我们一起来欣赏这些经典的时刻吧！

1982 年西班牙世界杯半决赛，联邦德国 3∶3（点球 5∶4）法国——90 分钟内，双方踢成 1∶1。加时赛中，法国队连入 2 球。正当法国队以为胜券在握的时候，联邦德国队也鼓足士气，在第 102、108 分钟还击 2 球，比赛最终进入点球大战。前五轮 4∶4 战平后，进入一对一决胜阶段。法国队博西斯的点球被对方门将舒马赫扑出后，联邦德国队赫鲁贝什成功完成了最后一击，帮助球队进入了决赛。

1990 年意大利世界杯半决赛，联邦德国 1∶1（点球 4∶3）英格兰——前 3 轮都射进的情况下，英格兰队第 4 个出场的皮尔斯力量虽然大，但是球依然被联邦德国队门将扑出。脚法细腻的瓦德尔也紧张到将足球“送”上观众席。最终，英格兰队悲伤地告别了世界杯冠亚军的争夺战。

1996 年欧洲杯半决赛，德国 1∶1（点球 6∶5）英格兰——前 5 轮双方都顶住压力，十射十中。

国际大赛中罕见的命中率，给英格兰队第 6 个出场、首次参加国际大赛的索斯盖特无法承受的巨大压力。他的点球被德国队门将科夫特扑出，英格兰队因此遗憾地输掉了比赛。

1998 年法国世界杯 1/8 决赛，阿根廷 2∶2（点球 4∶3）英格兰——第 5 分钟和第 9 分钟，双方连续获得两个有争议的点球，比分被改写为 1∶1。第 16 分钟，欧文打入了自己的成名作。而第 45 分钟，阿根廷队则向世界展示了他们那颗可以载入史册的任意球。第 47 分钟，西蒙尼的挑衅、贝克汉姆的报复、尼尔森的红牌给这场火药味十足的大战点燃了导火索。比赛最终进入残酷的点球决胜环节，第 5 轮英格兰队巴蒂的点球被罗阿扑出后，阿根廷队最终赢了这场经典的比赛。

2004—2005 赛季欧冠联赛决赛，利物浦 3∶3（点球 3:2）AC 米兰——上半场，AC 米兰 3∶0 领先。下半场，利物浦队自杰拉德在点球点附近一记劲射得分后，在 7 分钟内用 3 颗进球扳平比分，最终在点球大战中获胜，第 5 次举起欧冠奖杯。

你还知道哪些经典的点球大战？

"勺子点球"为何会使对方守门员措手不及？

"勺子点球"是一种点球射门技术，之所以称之为"勺子"，是因为足球在飞行时划出的弧线轨迹类似勺子的形状。"勺子点球"是最具难度和美感的一种挑射，它的起脚更强调"搓"，而非"挑"，因此动作更为隐蔽，难度更大，迷惑性更强。主罚球员在起脚前佯装瞄准球门边路，实际上轻轻地吊向中路。一般球员主罚点球时多选择攻击角度比较刁钻的边路或死角，由于球员大力射门后，足球飞入球门的时间往往快于守门员观察球路后做出反应的时间，于是对方守门员面对点球时，也常会提前判断向一个方向侧扑。"勺子点球"正是利用了这种惯性思维，不按常理出牌，因此往往打得守门员措手不及。

"勺子点球"是意大利名将托蒂的金字招牌。2000 年欧洲杯半决赛意大利队对阵荷兰队的那场点球大战中，托蒂出其不意地使出了一记美妙的"勺子点球"，彻底戏耍了荷兰门将范德萨，助意大利队成功晋级。

无独有偶，2006年德国世界杯，意大利队与法国队的决赛中，法国名将齐达内以一个惊艳的“勺子点球”骗过了著名门将布冯，为法国队率先拿下一分，也将当年的金球奖收入囊中。

2006年德国世界杯决赛，齐达内（左）罚进“勺子点球”。

你知道哪几位世界著名足球『门神』？

足球界有句俗语："一位优秀的守门员可以抵得上半支球队。"守门员又称"门将"，极其优秀的门将甚至可被封为"门神"。一位优秀的门将可以大幅减少球队输球的次数，拯救整个球队于危难之中。现代足坛涌现出了很多优秀的门将，他们都为球队取得优异的成绩做出了卓越贡献。

"世纪门将"列夫·雅辛

列夫·雅辛无疑是门将历史上最璀璨的巨星之一。这位苏联时代的传奇门神，早已被写进了足球的历史。雅辛是唯一一位荣膺"欧洲足球先生"的门将，他参战过的 812 场比赛中，一共有 270 场没有失球。据不完全统计，在他的足球生涯中，共扑出过 150 多粒点球，这项纪录至今未被打破。即便是"球王"贝利也对雅辛肃然起敬，称："要想攻破雅辛的大门，你需要付出成倍的努力。"1990 年，雅辛因胃癌逝世。为了纪念这位传奇门神，国际足联于 1994 年设立"雅辛奖"，以表彰每届世界杯上表现最出色的门将，这就是现在的世界杯金手套奖。2000 年，雅辛被国际足联追评为"世纪门将"。

“狮王”卡恩

卡恩被视为是当代最成功的德国球员之一。有“狮王”之称的他，个性鲜明，勇猛霸气，对对方前锋具有很强的震慑力；而且反应迅速，爆发力强，扑救精准，无数次在危急关头拯救了德国国家队和拜仁慕尼黑队。永不言败的他是德国队和拜仁队的灵魂。曾经有一位拜仁后卫这么评价卡恩：“如果一场球赛听不到卡恩在身后大声吼叫，总是感觉不太放心。”卡恩曾助拜仁赢得 8 次德甲冠军、6 次德国杯冠军、1 次欧冠冠军、1 次欧洲联盟杯冠军和 1 次洲际杯冠军，并助德国国家队夺得 2002 年韩日世界杯亚军，可谓战功赫赫。卡恩个人也屡获殊荣，多次获得“德国足球先生”“欧洲最佳门将”以及“世界最佳门将”，还获得 2002 年韩日世界杯金球奖和“雅辛奖”。

最“冤”的守门员

1935年，柏林雨夜，两支球队冒雨激战正酣。一名前锋来了一脚大力射门，没想到连球带球鞋一齐飞向对方大门。倾盆大雨和昏茫夜色模糊了守门员的视线，守门员依稀只见飞来两物，慌乱中赶忙接住左边一物，细细一看居然是一只球鞋，而足球早已没入网底。

“天生门神”布冯

“天生门神”吉安路易吉·布冯是意大利近二十年来的顶级门将。他曾助帕尔马、尤文图斯等俱乐部夺得11次意甲冠军、1次欧洲联盟杯冠军，并创下了意甲历史上长达974分钟不失球的纪录。2006年德国世界杯，布冯率领意大利国家队一举斩获世界杯冠军。在整届德国世界杯的比赛中，布冯出战7场比赛，却仅丢2球（其中一球是乌龙球，另一球是决赛场上齐达内的点球），他也因此荣膺当届世界杯的“雅辛奖”。

你还知道哪些世界著名守门员？

后腰球员可以分为哪两大类？

后腰，也称防守中场，指的是在中场到后防线之间这个位置负责组织和阻截的球员。近些年来，后腰作为平衡球队攻防的重要战略位置，在足球战术中的地位愈发受到重视。后腰球员可以分为两大类：一是传统的工兵型后腰，二是新型的组织型后腰。两类后腰球员的典型代表，正是法国的克劳德·马克莱莱和意大利的安德烈亚·皮尔洛。

传统的后腰一般都是工兵型后腰，即专注以防守为己任，是后卫线前的一道重要屏障。克劳德·马克莱莱即是工兵型后腰的先行者和“代言人”。传统工兵型后腰的职责，主要是拦截对手的进攻和传球，这要求球员拥有充沛的体力、凶狠的作风和出色的盯防能力。马克莱莱可以算是个中的佼佼者。他很少突破和射门，却永远稳健地镇守着本方的防守阵地，即使偶尔短暂地参与到全队的进攻当中，也会立刻回位进行防守。不知疲倦的跑动，恰当适时的协防补位，高度紧张的一对一盯防，工兵型后腰在球场上或许不那么起眼，但他们却默默无闻地组织着全队的防守体系，不断为球队排除险情、输送能量，是球场上名副其实的“幕后英雄”。克劳德·马克莱莱对皇马和切尔西的影响力非常大，他所在的位置被命名为“马克莱莱位置”，被一代又一代新球员学习效仿。

克劳德·马克莱莱

安德烈亚·皮尔洛

随着足球战术的不断发展，后腰球员不再满足于防守，也逐渐希望能发挥中场位置组织进攻的作用。后腰球员参与组织进攻，在战术上可起到后撤攻击线、增加进攻纵深和层次的效果。安德烈亚·皮尔洛正是这场“后腰革命”的先锋。皮尔洛无疑是一位优秀的进攻组织者，他不仅拥有非凡的领袖气质和坚强的意志品格，还拥有极其开阔的视野、敏锐的观察力，以及不可思议的空间意识。球场上的皮尔洛，总是时刻观察着球员们不断变换的相对位置，精确计算着球场上可资利用的空间面积，这使得他能够在接球之前就完全想好下一步该如何去做，因此他总能快人一步。皮尔洛的长传总是给队友留出足够的提前量，以便他们能够在接球后直接向前推进。他的传球速度极快，拦截与传出几乎能同时发生，而且传球技术精妙，角度变幻莫测，落点精准到位。这都得归功于他事先对球场空间的细致观察、对传球路线的精确预判，以及对进攻节奏的高超把控能力和出众组织能力。

经典的足球比赛阵型都有哪些？

足球阵型，指的是除守门员以外的10名队员在场上的位置排列和职责分工。阵型名称一般用各个位置安排的人数来表示，表述顺序依次为后卫－中场－前锋。例如“4-3-3”，表示的就是由4个后卫、3个中场、3个前锋组成的一种阵型。

足球阵型五花八门，千变万化，以下介绍几种比较常见的经典阵型：

4-3-3阵型

4-3-3是一种可攻可守，总体偏进攻型的阵型，在20世纪七八十年代比较流行。此阵型主要依靠边路进攻，也就是第二个“3”的两个边锋。因此若能有两位实力非凡的边锋左右呼应，轮番下底传中，就能够在对方禁区内制造出大量的进攻机会。但整

4-3-3足球阵型

个阵型的灵魂还是第一个“3”中间的中前卫，他们是进攻的组织者，因此 4–3–3 的中前卫位置最容易培养出大师级球员。巴西队的济科、阿根廷队的马拉多纳等一代“球王”，都是在这个位置成长起来的。不过此阵型中场人数偏少，因此对后卫要求较高。一旦主力后卫缺阵，此阵型将面临后方空虚的危险。

4–3–2–1 阵型

4–3–2–1 阵型脱胎于古老的 4–3–3 阵型，是 4–3–3 阵型的改良版。4–3–3 的优势是攻击力较强，劣势是中场人少，4–3–2–1 便从前场撤回两人加固中场。于是该阵型就由 4 个后卫、3 个中场、2 个边锋和 1 个前锋组成，又因形似圣诞树，而被戏称为“圣诞树”阵型。

与 4–3–3 一脉相承的是，4–3–2–1 负责进攻的核心力量是两名实力强劲的边锋，他们必须具有极佳的助攻能力，既能下底传中，又能带球内切。三名中场球员充作后腰，进可承担组织进攻的重要任务，退可成为后防的一道重要屏障。4–3–2–1 阵型对球队的整体实力要求非常高，在目前的联赛中，真正有实力使用这个阵型的球队，并不是很多。

4–4–2 阵型

4–4–2 也是 4–3–3 的一个变体。此阵型撤回 1 个前锋，增加 1 个中场，即 4 个后卫、4 个中场、2 个前锋。自 1966 年英格兰世界杯赛场上，英格兰队以其首创的 4–4–2 阵型一举夺冠以后，注重传控、中场主导球队进攻的 4–4–2 阵型便逐渐发展成为世界足坛的一种主流阵型。欧洲五大联赛中大多数球队都使用这个阵型。总体来说，4–4–2 比较依赖强大的中场，如果没有实力强劲的中场，就很难发挥出这个阵型应有的威力。当年中场大师齐达内便是依靠 4–4–2 中场菱形阵型拯救了衰弱时期的皇马。齐达内执掌皇马期间，他用 4–4–2 阵型对皇马传统的“前场三叉戟”打法进行了大刀阔斧的改革，使皇马以全新的面貌出现在联赛的赛场上。当季皇马能成功横扫西甲和欧冠，取得令人瞩目的成绩，理当归功于齐达内的妙手变阵。

4-4-2 足球阵型

4-6-0 阵型

4-6-0 是 4-3-3 的一种更为极端化的变体，它干脆取消前锋，将全部的力量都集中在了中场部分。此阵型利用强大的中场来传控球，所有来势汹汹的球一到中场都如同进入胃袋，只能被消化。若中场足够出色，6 个中场随时可以变为前锋，向对方发起猛烈进攻。因此可以说，此阵型是以柔克刚、以守为攻的典型。

曾经以 4-3-3 为主要阵型的西班牙队一度成绩平平，一改用 4-6-0 阵型，并结合同样以传控为主的 Tiki-Taka 战术，便横扫了 2008 年、2012 年欧洲杯及 2010 年世界杯冠军，称霸世界足坛。同样善用此阵型的巴塞罗那队，也曾拿下数次欧冠冠军，被誉为“宇宙队”。

5-3-2 阵型

由于4-3-3存在防守短板，所以一变而成为4-3-2-1，再变成为4-4-2，又变成为4-6-0，中场愈发稳固。倘若这样还是不能保证后防的安全，那就只有再回撤，进一步演变成5-3-2，把大部分力量挪在中后场，采用防守反击打法。2014年巴西世界杯，范加尔带领的荷兰队即是采用此阵型，一路扫平了西班牙队、澳大利亚队、智利队、墨西哥队、哥斯达黎加队，进入四强，最终斩获季军。

5-3-2 足球阵型

世界足球赛场上常见的阵型远远不止以上几种，这里只是择取几种基础性的经典阵型略作介绍。阵型与阵型之间，没有一定的孰优孰劣，只要适合球队、能够取胜的阵型，就是好阵型。

你还知道哪些阵型？

足球裁判员是什么时候出现的？

足球运动起源于中国，足球裁判员也早在中国古代就出现了。而现代足球的起源地英国，最初是没有裁判员的，场上出现争议时一般由两队队长协商解决。但是，双方经常“公说公有理，婆说婆有理”，难以达成一致意见。热血沸腾的赛场气氛又往往会影响队长们的理性判断，导致协商演变为群体暴力事件。

到了19世纪60年代，不列颠人民受够了足球比赛中夹杂着拳打脚踢，开始安排一名中立者以仲裁的方式调解争议——这就是主裁的雏形。当时的主裁只能站在场外通过喊叫和手势来进行判罚，后来才进入场内执法。那个时候，担任球赛主裁的大多是警察，他们常常携带警棍执法，对待犯规的球员如同对待犯人。于是人们开始思考，渐渐改进、发明了一系列装备，协助裁判进行比赛判罚。

最早诞生的装备是裁判哨，它的发明灵感来源于1875年英国一场足球比赛。1966年，英国足球裁判肯·阿斯顿向国际足联建议实行红、黄牌制度；4年后，也就是在1970年墨西哥世界杯上，最能代表裁判权威性的红、黄牌正式成为主裁的装备。2002年韩日世界杯，边裁的边旗上多了一个按钮，可以及时发送信号给主裁上臂佩戴的接收器，以振动的方式提醒主裁。2006年德国世界杯，主裁开始佩戴耳麦执法，裁判组每名成员之间都可以即时对话。2010—2011赛季的欧冠联赛正式引入门线技术，主裁的手腕上佩戴一件类似手表的装备，可以提示球是否整体越过了门线。也是从这个赛季开始，国际足联开始实施六裁判执法制度，即增加2名底线裁判协助执法，以减少绿茵场上的误判。

足球裁判员是从什么时候开始吹哨执法的？

1863 年，英国设立了足球裁判员，专门负责执行赛场规则，调解纠纷。然而，当时的裁判员只能在场外行使职权，靠大声喊叫和相应的手势来进行判罚。可以想象，足球比赛开场后，场面异常激烈，球员的喧闹夹杂着球迷们的喝彩和嘘叫声，此时裁判员的指挥常常失灵。即使他声嘶力竭地喊叫，混在一片嘈杂中，也得不到理想的效果。所以，常常是场外的裁判大声吆喝，场上的运动员毫无反应，裁判员成了一个可有可无的角色。

1875 年，英国伦敦举办了一场足球赛。比赛刚进行到一半，天空开始下起雨来，整个赛场一片狼藉。但是，球员仍斗志昂扬，比赛更加激烈。球迷们的情绪也被调动起来，不断地喝彩、嘘叫。

比赛中途，双方运动员发生了争执，而球迷们为了声援自己所支持的球队，蜂拥进赛场，场面一片混乱。如果不采取措施，后果将不堪设想。担任这场比赛裁判的是一位警察，他看着失控的场面，迅速跳上看台，大声呼喊，想要控制场面，但是没人听他的。情急之下，他吹响了警笛。喧闹的球迷们听到了警笛声，都以为有案件发生，警察来到了现场。为了不妨碍警察办案或是怕受到牵连，大家都自觉地迅速退回观众席，球员也很快安静下来了，赛场秩序逐渐恢复。这一幕让体育界人士受到启发，他们想：如果给裁判员准备一个哨子，需要下达命令时，只需吹响哨子，不仅能让赛场迅速安静，还能判决胜负，岂不是一箭双雕？于是，他们研制出一种特殊的哨子。这种哨子很快成为裁判必不可少的装备，并有了自己的名字——裁判哨。

小贴士

一般来说，足球比赛中出现以下几种情况，裁判必须鸣哨示意：

1. 比赛开始（包括某队胜一球后重新开始比赛），一声哨，哨声稍长。

2. 比赛时间终了（包括上半场或全场比赛时间终了），一至两声短促哨，接一声长哨。

3. 判某队胜一球，一声长哨。

4. 执行罚球点球，一声哨，哨声稍长。

5. 场上发生犯规或其他情况，裁判员暂停比赛时，应及时鸣哨。

你知道红、黄牌的由来吗？

在红、黄牌问世之前，裁判员对球员实行判罚时，只能用语言和手势来表示。但是由于语言和手势不统一，在国际足球比赛中容易产生误解和矛盾，有很多球员直到比赛结束后才从报纸上得知自己在场上被裁判警告的消息。比如在1966年英格兰世界杯英格兰队与阿根廷队的1/4决赛中，很多球员不知道自己已经被裁判警告，动作仍然很大，间接导致比赛失控。观看了这场比赛的英国足球裁判肯·阿斯顿陷入了思考。他在十字路口见到红绿灯时突发奇想：若是利用这醒目的红、黄指示信号来约束警告那些严重犯规的球员，会如何呢？

于是，为了克服语言不同给裁判工作带来的困难，也为了向场外领队、教练及其他人员明确表示对谁给予警告或罚令出场，阿斯顿向国际足联建议实行红、黄牌制度。在1970年墨西哥世界杯上，包括红、黄牌制度在内的几项“阿斯顿建议”被正式采用。该届比赛结束后，

1970年墨西哥世界杯，苏联球员诺迪亚成为第一个吃黄牌的选手；1974年德国世界杯，智利队的卡斯泽里领到了足球史上的第一张红牌。

2006 年德国世界杯 1/8 决赛，荷兰队对战葡萄牙队。比赛共发放 4 张红牌、16 张黄牌，堪称世界杯之最。

通过总结，国际足联技术研究小组在报告中指出，用红、黄牌来表示对运动员警告和罚令出场的做法，应该在高级比赛中普遍使用。从此以后，凡由国际足联主办的世界性足球比赛均使用红、黄牌，各洲与各国足球协会纷纷仿效。

20 世纪 80 年代初期，英国、巴西等国曾废除使用红、黄牌。针对这种情况，国际足联裁判委员会举办了讲座，并做出如下决定：国际足联举办的比赛，仍使用红、黄牌；至于有关国家的国内比赛是否使用红、黄牌，完全可由该国的体育组织自己来决定。中国从 1974 年起就在全国足球比赛中使用红、黄牌，并一直沿用至今。

足球运动员入场时，为什么每人都要牵一个儿童？

众所周知，儿童在大家的印象中总是天真纯洁的。儿童已成为体育竞技“友谊第一”的象征，他们在体育比赛中的登场是为了申明这场比赛的纯净与友好。

儿童代表希望，代表纯洁，象征和平，以此来寓意足球要公平、公正、纯洁，传递友谊、善良与希望。他们传承了一个理念：足球要从娃娃抓起！同时也提醒球员和观众，不要让自己的不当言行给孩子们造成不良影响。

牵手儿童，就是牵手未来；牵手儿童，就是鼓励未来。尽管这些孩子未来不一定真的成为球员，但被大球星牵过手的他们，将铭记着那牵手片刻传递的温暖和力量，获得奋发向上的拼搏意志。

国际足联规定：为了让足球理念深入人心，凡国际A级足球赛事和一些重要的足球比赛，球员都必须携球童入场，男女不限。球童一般由比赛主办方或主队在当地足球学校或小学挑选，也有一些大型赛事，会在全球范围内选拔球童。2018年俄罗斯世界杯，就有88位中国少年通过层层选拔，代表中国踏上世界杯的赛场。

你知道欧冠赛场上的『神奇定律』吗？

欧洲冠军联赛被外界一致公认为全世界最具有影响力、水平最高的足球俱乐部赛事。其实，欧冠赛场上也有不少“神奇定律”。这些“定律”看似不靠谱，却成了左右各个足球俱乐部问鼎欧洲足坛的“关键因素”，让人好奇得想一探究竟。

承办国球队将获下一赛季冠军

这一句话说白了就是，哪国办决赛，下届哪国球队夺冠。从2008—2009赛季开始，这一巧合就演变成了“定律”。

那个赛季，西班牙的巴萨与英国的曼联的巅峰对决在意大利罗马奥林匹克球场举行，最终巴萨如愿以偿地捧回了大耳朵杯。而在下一届欧冠比赛中，意大利的国际米兰就在皇家马德里的伯纳乌球场以2∶0击败了德国的拜仁，顺利地登上了欧洲之巅。更神奇的是，2010—2011赛季的欧冠比赛中，巴萨在英国温布利球场击败了曼联。而到了2011—2012赛季，站在欧冠领奖台的则是来自英国的切尔西，他们在德国慕尼黑的安联球场，用点球大战的方式击败了这块场地的主人——拜仁慕尼黑。2012—2013赛季的拜仁称霸，将这一规律延续。

2012—2013 赛季欧冠决赛，拜仁慕尼黑 2:1 多特蒙德。

也就是说，连续四年，这个“神奇定律”都在上演。不过，它在最近几个赛季突然失灵，而打破这一规律的，正是 2013—2014 赛季差点夺冠的马德里竞技。他们淘汰了切尔西，使得那一年，没有英超球队站在决赛舞台上。

赢“宇宙队”者得天下

巴塞罗那（简称“巴萨”），这一支号称“宇宙队”的球队，再一次成了欧冠“神奇定律”的躺枪者——自 2007—2008 赛季以来，凡是在欧冠淘汰赛中能淘汰巴萨的，绝大多数能成为最终的赢家；反之，就是巴萨夺冠。这其实也挺好理解，能淘汰巴萨的，肯定不是弱者，那么

2010—2011 赛季欧冠决赛，巴萨 3∶1 击败曼联夺冠。

夺冠自然有很大的概率；而如果没有人能淘汰巴萨，那么所谓的“宇宙队”就能问鼎欧冠。

2007—2008 赛季，曼联在半决赛中淘汰巴萨，随后点球战胜切尔西夺冠。第二年，巴萨在决赛中以 2∶0 击败曼联登顶。到了 2009—2010 赛季，国际米兰在半决赛击败巴萨后，决赛封王。而巴萨在下一赛季再度问鼎，在决赛中以 3∶1 胜曼联夺冠。2011—2012 赛季，切尔西半决赛击败巴萨，决赛点球胜拜仁。2012—2013 赛季，拜仁在半决赛以总比分 7∶0 横扫了巴萨，并且在决赛中完胜捧杯，再次印证这一“神奇定律”。

你还知道哪些欧冠赛场上的“神奇定律”吗？

足球比赛时为什么要穿长袜？

现代足球起源于英国。在中世纪的欧洲，男士有穿长筒丝袜的传统，这是绅士的表现，所以踢足球时也穿上了长筒袜。长袜主要有以下几个功能：

（一）包裹护腿板或护踝，起到二次固定作用。护腿板是一块长 25 ~ 30 厘米、宽 5 ~ 8 厘米不等的瓦片状护具，通过自带的尼龙搭扣固定于小腿胫骨前，防止球员的小腿在比赛中与对方球员的鞋钉相撞而受伤。

（二）保护皮肤，防止球员在比赛中倒地或贴地铲球时擦伤腿部。

（三）固定小腿肌肉群，使小腿发力更舒服，亦对小腿有保温作用。

（四）长袜已经成为足球场上的一道风景，配合队服，展现着每个球队与运动品牌的不同特色，也有助于区别两队队员。不过，也有不少球员喜欢把袜子拉下来，如鲁伊·科斯塔、托蒂、卡莫拉内西、雷科巴等。

什么是『德比大战』？

“德比”（derby）一词源于英国的德比郡。当地盛产良马，使得英国的赛马比赛中一度都是德比郡的良马在互相竞争。由此，“德比”成了同城（地区、国家）对手之间互相竞争的代名词，后来也被引申到了足球领域，用“德比大战”表示同一个城市（地区、国家）两支球队之间的比赛。

经典的德比对决有英超的北伦敦德比（阿森纳—托特纳姆热刺）、曼彻斯特德比（曼联—曼城），西甲的马德里德比（皇家马德里—马德里竞技），德甲的慕尼黑德比（拜仁慕尼黑—慕尼黑 1860）、鲁尔区德比（多特蒙德—沙尔克 04），意甲的米兰德比（AC 米兰—国际米兰），中超的京津德比（北京国安—天津泰达）、上海德比（上海绿地申花—上海上港），等等。

一山难容二虎，由于同处一城（地区、国家），

2014 年西班牙超级杯，皇家马德里对战马德里竞技。

又融入了特殊的历史渊源和文化背景，德比大战的精彩和激烈程度往往超出一般比赛。剑拔弩张的气氛不仅笼罩在场上，也蔓延到了场外。球迷们热情支持自己心仪的球队，却夹杂着不理性的情绪，导致双方球迷之间经常爆发冲突，火药味十足。

2015 年中超联赛第 24 轮，上海绿地申花坐镇主场虹口体育场迎战上海上港。赛前，双方球迷在进场的过程中狭路相逢，爆发激烈冲突。混乱中有的球迷鞋子掉落，还有的球迷个人物品遗落在路上。幸好警方及时介入，控制住了混乱场面。球迷之间的暴力冲突给积极健康的足球赛事蒙上了一层阴影，造成了十分恶劣的社会影响。因此，尽管德比大战紧张刺激，双方球迷也应学会控制情绪，理性看球。

2015 年中超联赛，上海上港对战上海绿地申花。

不过，德比双方球迷之间也不仅仅有针锋相对，关键时刻还是能够发扬“友谊第一”的精神，显露出德比大战的温情一面。北京国安和天津泰达是京津地区的老牌劲旅，两队之间的比赛被称为“京津德比”。两支球队多年来在赛场上冲突不断，双方球迷之间也是心存芥蒂。但在 2015 年“8・12 天津滨海新区爆炸事故”发生后，北京国安球迷放下成见，伸出援手，不仅组织了数场祈福活动，还自发献血、捐物资，为天津泰达队加油打气，鼓励对方坚强渡过难关。

你知道什么是『帽子戏法』吗？

“帽子戏法”是英文 hat-trick 的意译，来源于童话《爱丽丝漫游奇境记》，故事里有一位做帽子的匠人能用帽子变出各种戏法。后来，“帽子戏法”被引申到现代足球领域，指在一场比赛中，一名队员攻进对方球门三个球。足球队员完成一个“帽子戏法”也被称为“戴帽”。现在“帽子戏法”的应用范围已不仅仅限于体育领域，人们还用它来形容任何连续三次的成功，但在足球比赛中尤为常见。

2014 年巴西世界杯 G 组小组赛，德国队 4:0 大胜葡萄牙队，托马斯·穆勒“戴帽”。这是他在世界杯的第一个“帽子戏法”，也是巴西世界杯开赛以来第一个“帽子戏法”。第 11 分钟，穆勒在禁区内被葡萄牙队队员犯规，主罚点球得分。第 45 分钟，德国队的克罗斯左路斜传禁区，葡萄牙队的阿尔维斯停球失误，穆勒抓住机会左脚大力抽射破门。第 78 分钟，德国队的许尔勒禁区右侧传中，

一场比赛中，同一球员连进两球，叫作“梅开二度”；连进三球，叫作“帽子戏法”；连进四球，叫作“大四喜”；连进五球，叫作“五子登科”。

葡萄牙队门将帕特里西奥扑球脱手，穆勒门前补射破门。赛后穆勒当选本场最佳球员。

同样是世界杯上的“帽子戏法”，2018 年俄罗斯世界杯，C 罗在葡萄牙队 3:3 战平西班牙队的小组赛中上演了自己的第 51 个帽子戏法。比赛刚开场，他以假动作试图骗过西班牙队的纳乔进入禁区左侧时被后者绊倒，裁判判罚点球，C 罗主罚点球命中，使葡萄牙队在开场仅 4 分钟时就取得领先。第 44 分钟，葡萄牙队的格德斯传球，C 罗禁区边缘外左脚抽射，西班牙队守门员德赫亚扑救脱手令皮球偏转入网，2:1。第 88 分钟，C 罗在距球门约 23 米处踢出的任意球绕过人墙飞入右上角，帮助葡萄牙队 3:3 扳平比分。

世界杯赛场上有哪些让人印象深刻的『乌龙球』？

在足球比赛中，“乌龙球”指的是防守队员碰到了本来不是朝球门内方向运行的球而导致进球。这个词最早源于英语 own goal，意为“自进本方球门的球”，后来香港球迷根据发音，称之为“乌龙球”。

1994 年美国世界杯，在哥伦比亚队与美国队的小组赛关键之战中，27 岁的哥伦比亚主力后卫安德列斯·埃斯科巴不慎将球踢入自家球门，导致球队以 1∶2 不敌东道主，遗憾出局。回国后不久，埃斯科巴在一家酒吧被枪杀，震惊世界。

1998 年法国世界杯，在南非队与法国队的小组赛中，南非后卫伊萨将德约卡夫的射门挡进了自家球门之后，又将亨利的射门解围失误，将球带进了自家球门，在同一场比赛里用乌龙球上演了“梅开二度”，成为世界杯历史上的第一人。

2006 年德国世界杯，英格兰队与巴拉圭队的小组赛。比赛进行到第 4 分钟，贝克汉姆主罚前场左侧的任意球，巴拉圭队队长加马拉在中路高高跃起，用头去挡球，但不幸的是球飞向了自家球门，帮助英格兰 1∶0 锁定胜局。这也是全场比赛唯一一粒进球。

小贴士

1998年法国世界杯揭幕战，巴西队对阵苏格兰队。在双方处于僵持阶段之时，意想不到的事情发生了：卡福右路快速突破低射，尽管苏格兰队队长亨德利拼命将球从球门线上解围，但是回追心切的博伊德却没有判断好球的方向，直接用胸口将球撞进自家大门。

世界足坛有哪些著名的『父子档』？

俗话说得好："上阵父子兵。"在足球的世界里，也少不了"父子档"的存在。他们有的是父子俩都效力过同一支球队，两代人先后为球队的荣誉拼搏奋斗；有的是父亲退役后担任孩子所在球队的教练，父辈的足球理念就在这一教一学中得到传承。

克林斯曼父子

绰号"金色轰炸机"的尤尔根·克林斯曼，是德国足坛"三驾马车"之一，技术极为全面，既擅长抢点，又能够过人。他的儿子乔纳森·克林斯曼最初学踢球时也和父亲一样司职前锋，之后改当守门员。乔纳森右脚水准很高，技术和竞技水平也很出色。他随父亲移居美国后，曾先后代表美国队出征 U-18、U-20 国际比赛。2017 年 7 月，乔纳森加盟柏林赫塔足球俱乐部，开始在德国足球联赛中展现实力。

乔纳森·克林斯曼（中）

齐达内父子

足坛上有名的中场大师、皇马前主教练齐内丁·齐达内，凭借他华丽的技术及掌控攻防的能力，书写了绿茵场上的不朽神话。他的四个儿子都在皇家马德里青训营接受培训，两个年长的儿子恩佐和卢卡已经走上职业球员的道路。其中大儿子恩佐曾效力过尤文图斯的青年队，在 2004 年转投到了皇马的青训系统。他年少成名，21 岁就在父亲执教的皇马一线队完成首秀并打入一球。不过，为了得到更多的锻炼，恩佐毅然选择离开皇马，加盟西甲阿拉维斯俱乐部。2017 年底，他转投瑞士洛桑体育俱乐部。2018 年夏季，他被西乙联赛“升班马”马哈达翁达租借一年。

恩佐·齐达内（右二）

子承父业并不都是一帆风顺的。作为孩子，尽管一出生就因父辈的光环而受到关注，却也需要用更多的努力来打破世人的成见，闯出自己的一片天地。作为父亲，在教授孩子足球技能的同时，也要将足球精神点滴相传，方能培养出技术与品格兼具的新一代球员。

你还知道哪些著名的“父子档”吗？

为什么贝利被封为一代『球王』？

贝利，全名埃德森·阿兰特斯·多·纳西门托，1940年10月23日出生在巴西特雷斯科拉索斯镇一个贫寒家庭。他司职前锋、攻击型前卫，职业生涯共出场1366场比赛，进1283球，这一数字被载入吉尼斯世界纪录。他也是截至目前唯一一个3次随国家队在世界杯夺冠的球员。从此雷米特杯永久为巴西所拥有。

贝利被人们普遍视为现代足球历史上的最佳球员，世称“球王”。1980年，贝利被法国《队报》联合多家报社评为“20世纪最佳运动员”；1999年，又被国际奥委会评为“20世纪最佳运动员”。2000年，贝利获首届劳伦斯终身成就奖，并被国际足联评为“20世纪最佳球员”。同年，贝利被《法国足球》评选为世纪最佳球员，亦被《时代周刊》列入“20世纪最具影响力的100个人物”。2004年国际足联百年庆典上，贝利与“足球皇帝”贝肯鲍尔共同获得国际足联世纪最佳球员和足球名人大奖。2012年，贝利被授予“史上最佳球员”称号；2013年，又获得首届荣誉金球奖。

1958 年瑞典世界杯决赛，17 岁的贝利横空出世，挑球过人射门得分。

贝利的骄人成绩离不开他的勤学苦练。他不算高大，却能充分利用自己的身材特点训练各种技术，使自己能熟练地运用身体各个部位控制球，脚、头、胸、腹、肩等十三个部位都不在话下。他不仅停、传、射的技术全面多样，而且善用多种脚法传出各种不同的弧线球。这些全面的技术为他的进攻提供了极大的帮助，使他在比赛时能灵活穿梭于对方球员之间，创造进攻机会，让对手防不胜防。贝利的成功印证了这么一句话：“爱好出勤奋，勤奋出人才。”

图书在版编目（CIP）数据

足球智慧：你必须知道的足球知识 / 蔡向阳主编．--福州：福建人民出版社，2018.10（2024.1 重印）

ISBN 978-7-211-08051-9

Ⅰ.①足… Ⅱ.①蔡… Ⅲ.①足球运动—基本知识 Ⅳ.①G843

中国版本图书馆 CIP 数据核字（2018）第 237432 号

足球智慧

ZUQIU ZHIHUI

主　　编：蔡向阳
责任编辑：何　妍
图片来源：图虫创意
出版发行：福建人民出版社　　电　　话：0591-87533169（发行部）
网　　址：http://www.fjpph.com　　电子邮箱：fjpph7211@126.com
地　　址：福州市东水路 76 号　　邮政编码：350001
经　　销：福建新华发行（集团）有限责任公司
印　　刷：福建省金盾彩色印刷有限公司
地　　址：福州市仓山区建新镇红江路 8 号浦上工业园 D 区 24 号
开　　本：787 毫米×1092 毫米　1/16
印　　张：7.25
字　　数：94 千字
版　　次：2018 年 10 月第 1 版　　2024 年 1 月第 5 次印刷
书　　号：ISBN 978-7-211-08051-9
定　　价：27.00 元